PAUL OTT / FRITZ VON GUNTEN

Bern *und die Hauptstadtregion*

66 LIEBLINGSPLÄTZE
und 11 Köche

PAUL OTT / FRITZ VON GUNTEN

Bern und die Hauptstadtregion

VOM BÄRENPARK ZUM BERGSEE

GMEINER

Sofern hier nicht erwähnt, stammen die Bilder vom Autor Paul Ott.

Abegg-Stiftung Riggisberg 110; Alpines Museum Bern 84; Beatushöhlen-Genossenschaft 172; Bern Tourismus 16, 20, 22, 36, 62; Bielersee Schifffahrtsgesellschaft 130; BLS-Thunerseeschifffahrtsgesellschaft 94; Emmentaler Schaukäserei Affoltern 138; Flyer 98; Goldener Schlüssel 18; Fritz von Gunten 26, 32, 40, 42, 50, 72, 100, 102, 136, 144, 154, 158, 160; Historisches Museum Bern 80; Kornhauskeller 58, U4; Kambly SA Trubschachen 146; Kemmeribodenbad 150; Maison d'Ailleurs Yverdon 180; Urs Messerli 34; Murten Tourismus 118; Niederhornbahn 168; Pro Emmental 148; Ropetech AG 78; Schloss Jegenstorf 116; Schweizerisches Freilichtmuseum Ballenberg 156; Sensorium Rüttihubelbad 134; Thunersee Tourismus 166; Tourismus Burgdorf 152; Verein StattLand 24

Autor und Verlag haben alle Informationen geprüft. Gleichwohl wissen wir, dass sich Gegebenheiten im Verlauf der Zeit ändern, daher erfolgen alle Angaben ohne Gewähr. Sollten Sie Feedback haben, bitte schreiben Sie uns! Über Ihre Rückmeldung zum Buch freuen sich Autor und Verlag: lieblingsplaetze@gmeiner-verlag.de

Besuchen Sie uns im Internet:
www.gmeiner-verlag.de

2., überarbeitete Auflage 2013

Im Ehnried 5, 88605 Meßkirch
Telefon 07575/2095-0
info@gmeiner-verlag.de

Lektorat: Claudia Senghaas, Kirchardt
Satz: Christoph Neubert
Umschlaggestaltung: U.O.R.G., Lutz Eberle, Stuttgart unter Verwendung des Fotos ›Berner Flagge – Fahne‹ von struve72 / fotolia.com
Kartendesign: Matthias Schatz
Druck: AZ Druck und Datentechnik, Kempten
Printed in Germany
ISBN 978-3-8392-1159-5

Natur und Kultur in Hülle und Fülle /// *Vorwort* 8
Karten 10–12

BERN

... Altstadt

1 Der Bär ist los! /// *Bärengraben – Bärenpark* 17
1/11 99 Schritte vom Zytgloggeturm entfernt /// *Goldener Schlüssel* 19
2 Tunz mer e Ligu Lehm /// *Matte* 21
3 Schenkt man sich Rosen ... /// *Rosengarten* 23
4 Von A wie Albrecht von Haller bis Z wie Zytglogge /// *Stattland Bern* .. 25
2/11 »Waruuuuuuuum? – Nid mööööööööööglich!« /// *Grock* 27
5 Stundenlanges Einkaufen bei jedem Wetter ///
Gassen-Einkauf-Passagen 29
6 Ein spätgotisches Wunderwerk /// *Münster* 31
7 Spritzige Wasserattraktionen /// *Brunnen in Bern* 33
3/11 1.000 Sinne, 1.000 Weine, 1.001 Ideen ... /// *Mille Sens* 35
8 Chronos und die Bärenparade /// *Zytglogge* 37
4/11 Tradition und Erneuerung in klassischem Ambiente /// *Bellevue* 39
9 Händele u chrame /// *Markt in Bern* 41
10 Hier wird Schweizer Politik gemacht /// *Bundeshaus* 43
5/11 Innereien und anderes /// *Della Casa* 45
11 Herbstgeschmack und Winterbote /// *Marroni* 47
12 Lebens- und Arbeitsraum für Kunstschaffende /// *Progr* 49
13 Gläsernes Tor in die Stadt /// *Bahnhofplatz* 51
14 Auf den Spuren der Berner Geschichte /// *Straßennamen* 53
15 Kunst von erlesener Qualität /// *Kunstmuseum* 55
16 Großes Theater in einer kleinen Stadt /// *Stadttheater* 57
6/11 Venedig liegt auf Wasser, Bern aber auf Wein /// *Kornhauskeller* 59
17 Aus den Alpen in die Tropen /// *Botanischer Garten* 61
18 Freier Eintritt ins schönste Flussbad der Welt! /// *Marzili Aarebäder* ... 63
19 Kunst an allen Ecken und Enden /// *Galerien* 65

... Nordquartier

7/11 Quartierrestaurant mit Kulturprogramm /// *Lokal* 67
20 Bern ist eine Messe wert /// *Messestadt* 69
21 Fußballgeschichte und Solarenergie /// *Stade de Suisse* 71
22 Monument im Fruchtland 3 /// *Zentrum Paul Klee* 73
Hornussen oder Eishockey: Die Berner sind spitze! /// *Sport* 74
23 Tradition und Innovation /// *Café Bohnenblust* 77

... Kirchenfeld

24 Naturerlebnis für Mutige – mitten in der Stadt Bern /// *Seilpark Bern* .. 79
25 Geschichte erleben und Kulturen entdecken /// *Historisches Museum Bern* 81
26 Viel Kultur auf engem Raum /// *Museumsviertel im Kirchenfeld* 83
27 Berge versetzen /// *Alpines Museum der Schweiz (alps)* 85
Literarische Tradition vom Mittelalter bis heute /// *Literatur* 86

... Nördlich und weltlich der Altstadt

28 Unter Helvetiern und Römern /// *Engehalbinsel* 91
29 Einkaufsarchitektur /// *Westside* 93

DIE HAUPTSTADTREGION

... rund um Bern

30 Hausberg mit Musik /// *Gurten* 97
Voralpenblues und bärndütschi Lieder /// *Musik* 98
31 Eine Sinfonie aus Hügeln und Ausblicken /// *Herzroute Veloland* 103
32 Kein Märchen, kein Traum, sondern schöne Wirklichkeit /// *Schloss Landshut* 105
8/11 Am Geburtsort der Berner Platte /// *Kreuz Wohlen* 107
33 Auf Kulturwegen durch den Kanton Bern /// *Via Storia* 109
34 Mäzenatentum in luftiger Höhe /// *Stiftung abegg* 111
35 Das Gürbetal – alte Kirchenkunst in fließender Landschaft /// *Amsoldingen* 113
36 Die Ambassadorenstadt /// *Solothurn* 115
37 So lebte es sich im alten Bern /// *Schloss Jegenstorf* 117

... Seeland

38 Mittelalter pur /// *Murten* 119
39 Zu Besuch im größten Gemüsegarten der Schweiz /// *Gemüselehrpfad* . 121
40 Absinthe im Seeland /// *Erlebnisbrennerei* 123
41 Auf den Spuren von Jean-Jacques Rousseau /// *St. Petersinsel* 125
42 Beschauliche Winzerdörfer am freundlichen Bielersee /// *Bielersee* 127
43 Deutsch und Welsch /// *Biel-Bienne* 129
44 Große Erlebnisse auf kleinem Raum /// *Biel-Aare* 131
Zukunft braucht Herkunft /// *Denk mal – ein Denkmal* 132

... Emmental

45 Städtisches Kleinod im Emmental /// *Burgdorf* 135
46 Eine Welt zur Entfaltung der Sinne /// *Sensorium Rüttihubelbad* 137
47 Hier schrieb Jeremias Gotthelf Weltliteratur /// *Lützelflüh* 139
48 Am Geburtsort des Original Emmentaler Käses /// *Schaukäserei* 141
Der Geschmack einer Nation /// *Käse* 142
49 Im Herzen der Schweiz /// *Langnau im Emmental* 145
50 Auf dem roten Teppich direkt ins Kambly-Erlebnis /// Kambly 147
51 Napfgold, Bergmännchen und düstere Geschichten /// *Napfbergland* .. 149
9/11 Genuss und Sinnlichkeit an der Quelle /// *Kemmeriboden-Bad* 151

... Berner Oberland

52 Tropische Insel zu Füßen der Berner Hochalpen /// *Tropenhaus Frutigen* 153
53 Die Schweiz – wie sie war und wie sie ist, auf Schritt und Tritt /// *Ballenberg* 155
54 Auf den Spuren von Sherlock Holmes /// *Meiringen* 157
10/11 Das Märchenschloss am tobenden Wasserfall /// *Hotel Giessbach* 159
55 Ein Juwel unter den Bergseen /// *Oeschinensee* 161
56 Stadt zwischen Fels und Wasser /// *Interlaken* 163
57 Thun ist schön – nichts tun noch schöner. Am schönsten ist's am Thunersee nichts zu tun /// *Thunersee Schlösser* 165
58 Die Qual der Wahl /// *Niesen, Stockhorn, Niederhorn* 167
59 Alp-Träume zwischen Felsflanken /// *Justistal* 169
60 Fabelhafte Höhlenwelt /// *Beatushöhlen* 171

... Richtung Westschweiz

61 Eine Tausendjährige Stadt /// *Neuchâtel* 173
62 Zwischen Absinthe und Asphalt /// *Val-de-Travers* 175
11/11 Die Liebe zu den Forellen /// *Restaurant de la Truite* 177
63 Megalithen und heiße Bäder /// *Yverdon-les-Bains* 179
64 Zwischen Deutsch und Welsch /// *Fribourg – Freiburg* 181
65 Ein Bergjuwel in den Freiburger Voralpen /// *Schwarzsee* 183
66 Natur, Kultur, Kulinarik /// *Das Greyerzerland* 185

Register 186

NATUR UND KULTUR IN HÜLLE UND FÜLLE

Vorwort

Herzlichen Dank, dass Sie die Stadt Bern und ihre sehenswerte Umgebung besuchen. Mit dem Bundeshaus, dem Parlamentsgebäude, verfügt die Stadt seit 1902 über die politische Zentrale der Schweiz, nachdem Bern 1848 zur Bundeshauptstadt erhoben wurde. Im spätgotischen Rathaus versammeln sich auch die städtischen und kantonalen Räte.

Neben einer politischen Zentrumsfunktion hat Bern auch eine wirtschaftliche Bedeutung, allerdings in wesentlich geringerem Maß. Um die Präsenz in der Schweiz zu verstärken, haben fünf Kantone die ›Hauptstadtregion‹ gegründet: Bern, Fribourg, Solothurn, Neuchâtel und Wallis. Das ist im Wesentlichen auch der geografische Raum, in dem sich die Empfehlungen unseres Reiseführers finden lassen.

Die etwa eine Million Bewohner des Großraums Bern verteilen sich auf beinahe 20 kleinere und größere Städte, selbst Bern mit seiner Agglomeration kommt nicht über 300.000 Menschen hinaus. Jede dieser Ortschaften besitzt ihren eigenen Reiz, jede eine bedeutende historische Substanz, die in ihrem Kern meist ins Mittelalter oder noch weiter zurückreicht und die größtenteils erhalten geblieben und über die Jahrhunderte hinweg gepflegt worden ist.

Auch das ländliche Gebiet hat dank einer meist geschickten Raumplanung den Großteil seines idyllischen Charmes behalten, nur wenige intensiv genutzte touristische Orte sowie die Neubauten der Vorstädte bleiben für den Reisenden von eingeschränktem Interesse. In diesem Einzugsgebiet wird neben dem Deutschen teilweise Französisch gesprochen. Besucher begegnen aber vor allem einer lebendigen Dialektkultur, deren Phonetik sich von Region zu Region verändert. Haben Sie etwas Geduld mit den Einheimischen, die Umstellung von Mundart zu Standardsprache ist nicht jedem gegeben.

Die Hauptstadtregion weist neben baulicher und landschaftlicher Schönheit auch ein großartiges kulturelles Angebot und eine beachtenswerte Veranstaltungsagenda aus (auch wenn wir hier nicht als Eldorado für Nachtschwärmer bekannt sind). Sehenswürdigkeiten und Museen kommen zu einem großen Teil in unserem Reiseführer zu Bild und Text. Bei regelmäßigen Anlässen finden Sie oft einen Tipp, für die Tagesaktualität verweisen wir auf die lokalen Tageszeitungen (Berner

Zeitung, Der Bund) und die wöchentlichen (Kulturagenda – www.kulturagenda.be) oder monatlichen Veranstaltungsführer (ensuite, Bewegungsmelder). Sie können sich auch bei Bern Tourismus informieren.

Die Schweiz verfügt über ein bemerkenswertes öffentliches Verkehrswesen. Das gilt auch für die Region Bern. Von der Bundesstadt aus fährt in jede andere Stadt im Halbstundentakt ein Zug, in etwa einer Stunde erreicht man Zürich, Basel, Luzern, Lausanne und das Oberwallis (alle außerhalb unseres Führers). Unsere empfohlenen Ausflüge richten sich danach. Die meisten Örtlichkeiten sind in weniger als einer Stunde erreichbar, eignen sich also auch für einen Halbtagesausflug. Einzelne Destinationen im ländlichen Gebiet benötigen mehr Zeit, sei es, weil eine Fahrt mit einer Bergbahn oder ein ausgedehnter Spaziergang damit verbunden ist. Auf eigentliche Bergwanderungen, für die man Spezialausrüstung brauchen würde, haben wir verzichtet, dafür gibt es spezielle Führer.

Natürlich freut es uns, wenn wir Ihnen den einen oder andern Tipp geben können. Es freut uns jedoch noch mehr, wenn Sie an unserer Region Gefallen finden und vielleicht einmal einen längeren Urlaub mit dem Besuch in Bern verbinden. In diesem Sinne: Herzlich willkommen in der Hauptstadtregion!

Paul Ott und Fritz von Gunten

17
15
12
16
2/11
6/11
11
13
7
3/11
5/11
8
4/11
10
9
27
25
26
18
Bollwerk
Speichergasse
Schüttestrasse
Nägeligasse
Kornhausbrücke
Brunngasshal
Waisenhausplatz
Kornhaus-
platz
Bärenplatz
Amthausgasse
Laupenstrasse
Bubenbergplatz
Bundesgasse
Aarstra
Kirchenfeldbrücke
Helvetiaplatz
Aarstrasse
Marzilistrasse
Monbijoubrücke
Kirchenfeldstrass
Eigenstrasse
ainstrasse

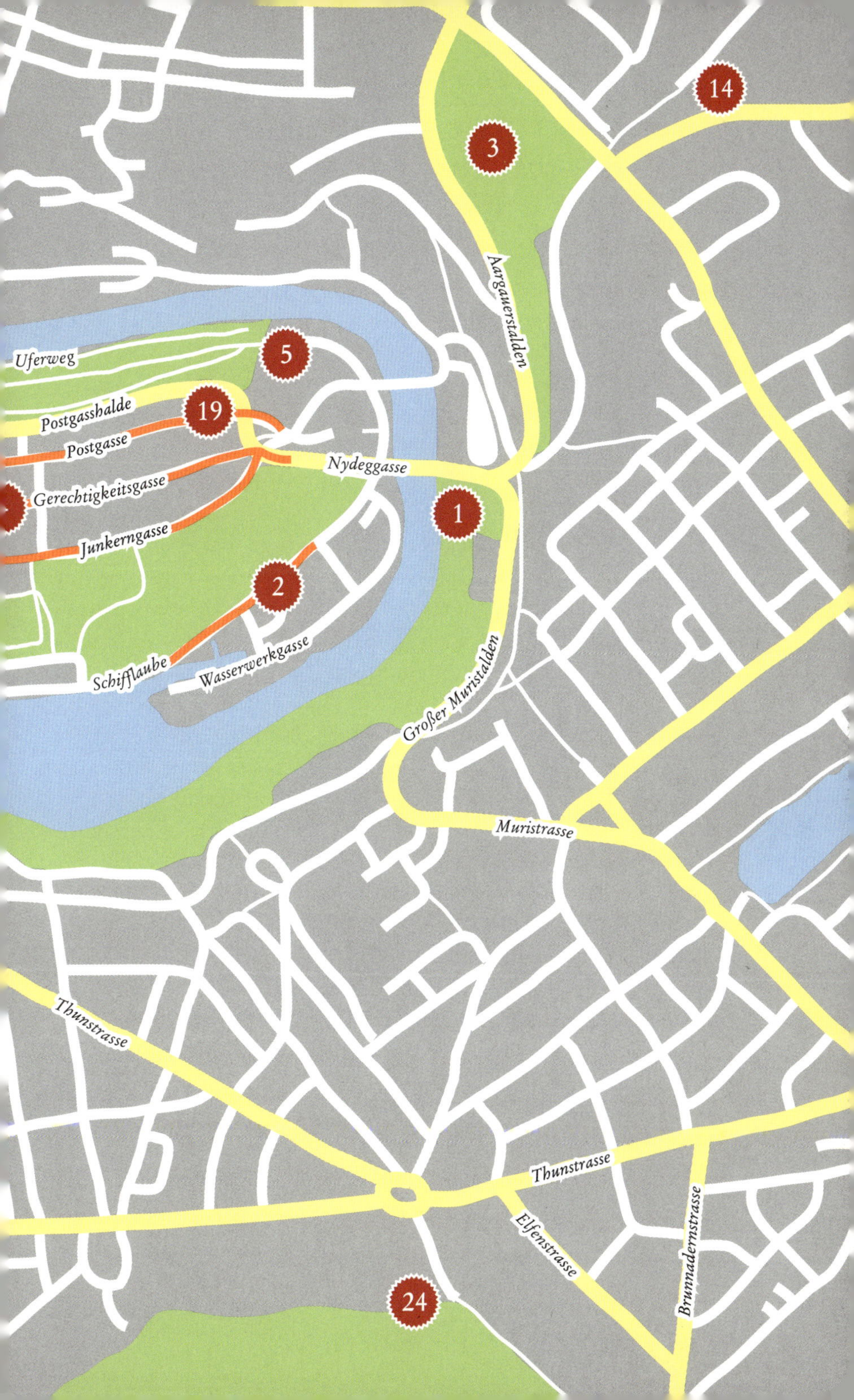
14
3
Aargauerstalden
5
Uferweg
19
Postgasshalde
Postgasse
Nydeggasse
Gerechtigkeitsgasse
1
Junkerngasse
2
Schifflaube
Wasserwerkgasse
Großer Muristalden
Muristrasse
Thunstrasse
Thunstrasse
Elfenstrasse
Brunnadernstrasse
24

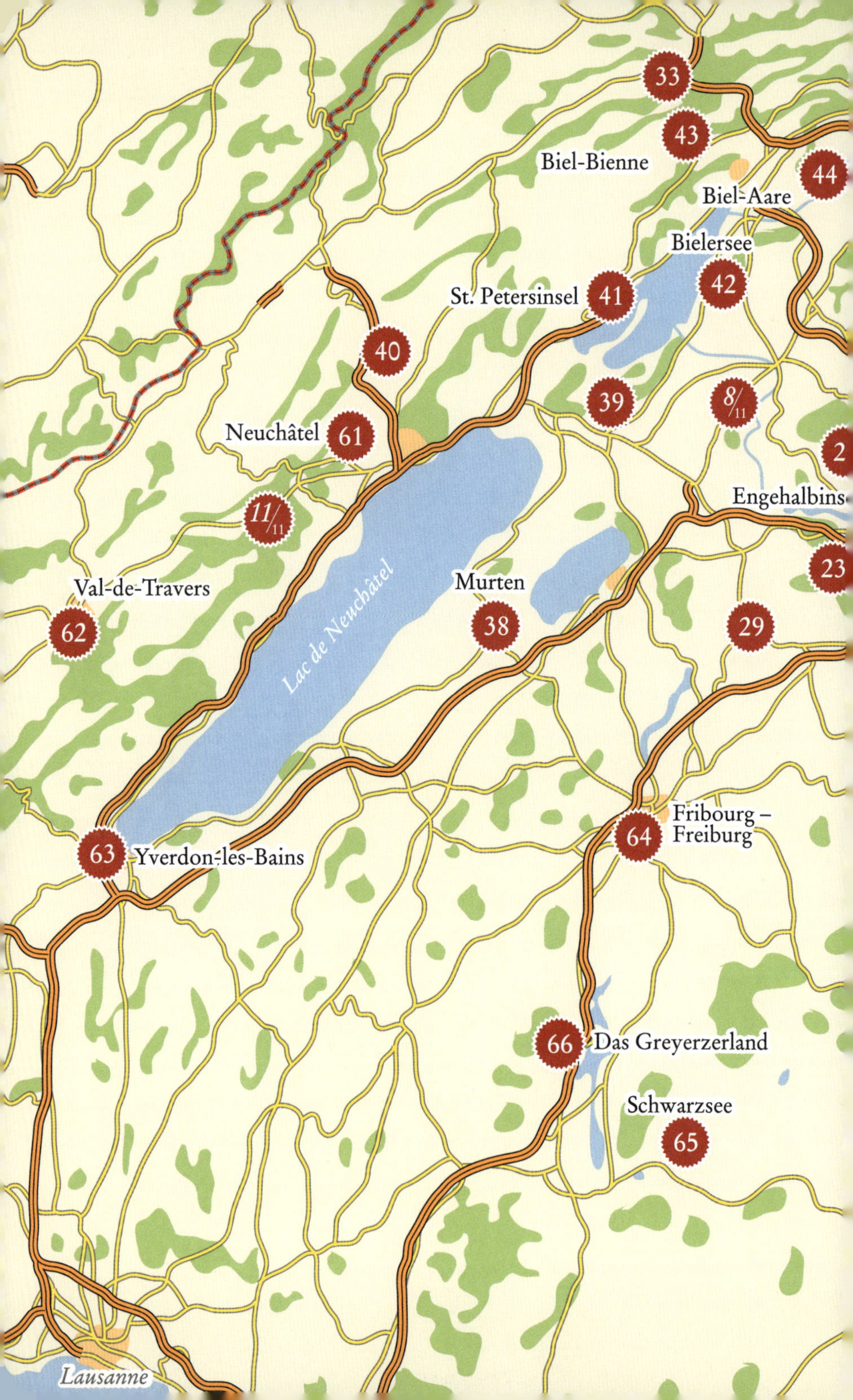

33
43
Biel-Bienne
44
Biel-Aare
Bielersee
42
St. Petersinsel
41
40
39
8/11
Neuchâtel
61
Engehalbins
11/11
23
Val-de-Travers
Lac de Neuchâtel
Murten
62
38
29
Fribourg –
Freiburg
63
Yverdon-les-Bains
64
66
Das Greyerzerland
Schwarzsee
65
Lausanne

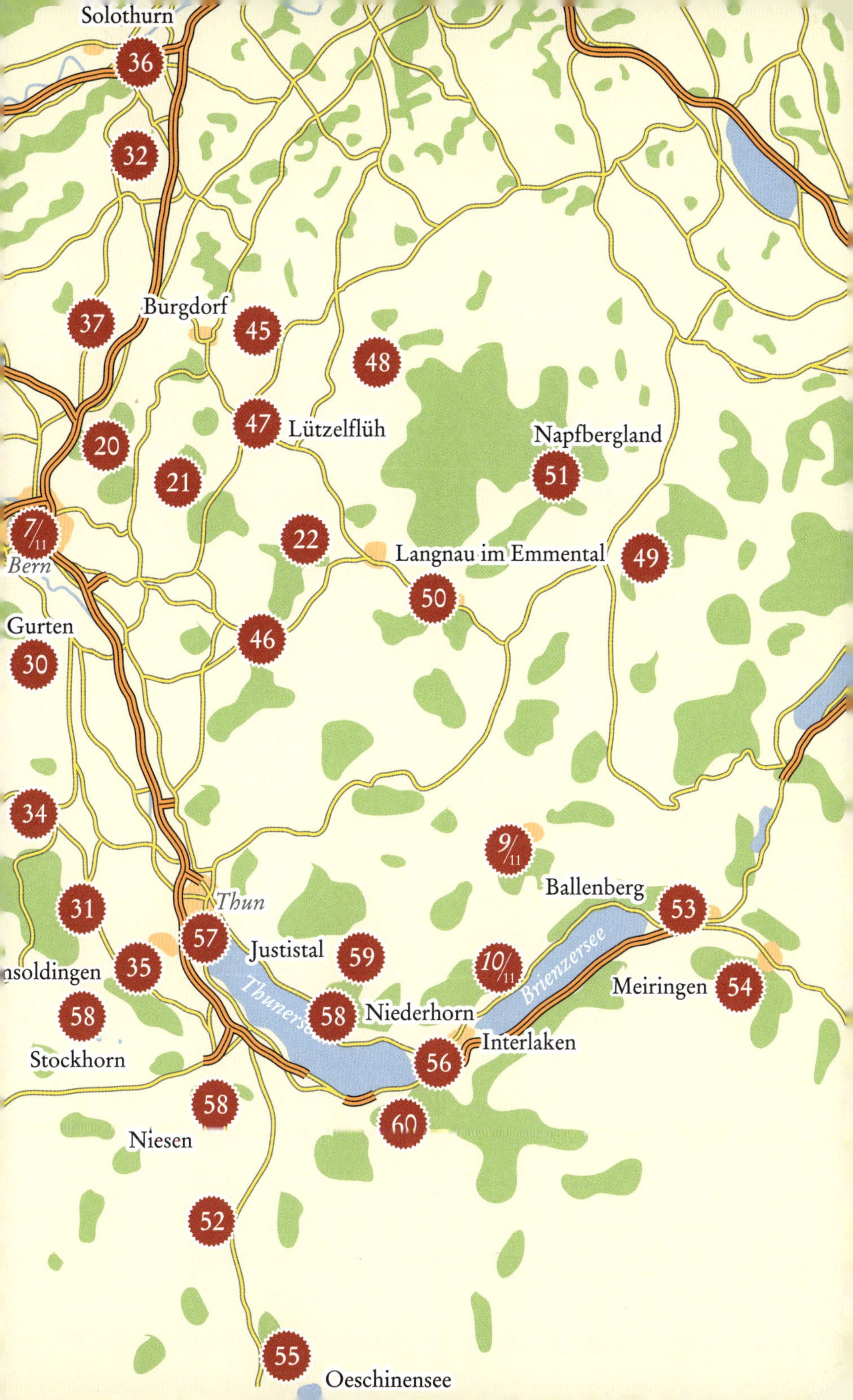
Solothurn
36
32
37
Burgdorf
45
48
20
47
Lützelflüh
Napfbergland
51
21
7/11
22
Bern
Langnau im Emmental
49
50
Gurten
46
30
34
9/11
Ballenberg
31
Thun
53
57
Justistal
59
10/11
Brienzersee
nsoldingen
35
Thunersee
Meiringen
54
58
58
Niederhorn
Interlaken
Stockhorn
56
58
60
Niesen
52
55
Oeschinensee

BERN

BÄRENPARK /// TIERPARKWEG 1 /// 3005 BERN ///
(00 41) / 0 31 / 357 15 15 /// WWW.BAERENPARK-BERN.CH ///
WWW.TIERPARK-BERN.CH ///

DER BÄR IST LOS!

Bärengraben – Bärenpark

1

Der Bär als wildlebendes Tier in der Natur, aber auch als kleiner wolliger Teddybär fasziniert die Menschheit seit frühesten Zeiten. In der Stadt Bern, mitten im UNESCO-Welterbe, begegnen Sie Meister Petz aus nächster Nähe: beim spielerischen Zweikampf im neu angelegten naturnahen Gehege, den steilen Hang des Bärenparks herunterrollend, in der kühlen Aare badend. Aus sicherer Distanz von der Nydeggbrücke aus oder auf einem kleinen Spaziergang rund um die prächtige Parkanlage.

Die Geschichte der Berner Bären beginnt mit einer Sage. Name und Wappen der Stadt sollten nach jenem Tier benannt werden, das der Stadtgründer Herzog von Zähringen im umliegenden Wald am Aarebogen als Erstes erlegen würde. Es war ein Bär!

Dem Wappentier wurde schon 1513 mitten in der Stadt ein würdiger Platz gewidmet. 10.000 Schweizer Söldner besiegten in der Schlacht von Novara die in großer Überzahl kämpfenden Franzosen und entführten einen jungen Bären. Im damaligen Stadtgraben vor dem heutigen Käfigturm fand der Entführte seine erste Unterkunft. Bern und Bären wurden zu siamesischen Zwillingen. Die Stadtentwicklung mit wachsendem Marktverkehr führte 1764, 1825 und schließlich 1857 immer wieder zu neuen Standorten. Nicht unerwähnt sei hier die bärenlose Zeit Berns, die am 5. März 1798 nach der schmerzlichen Niederlage gegen die Truppen Napoleons eintrat. Die Franzosen entführten ihrerseits die Bären bereits am 26. März nach Paris, und bis 1810 blieb der Bärengraben leer. Am 27. Mai 1857 wurde der vierte Bärengraben bezogen, der zwar lange Zeit viel öffentliches Interesse weckte, aber dem heutigen Tierschutzgedanken längst nicht mehr entsprach. Der Berner Bärenstolz führte mit großer öffentlicher Unterstützung zum heutigen Bärenpark, der am 22. Oktober 2009 feierlich eröffnet wurde und seither zum faszinierenden Besuchsmagnet für Jung und Alt geworden ist.

Vom BärenPark zu Fuß entlang der Aare in 20 Minuten: Im Tierpark Dählhölzli, direkt an der Aare in natürlicher Umgebung, treffen Sie auf Papageientaucher, Wisente, Seehunde, Moschusochsen, Leoparden und natürlich auch auf Bären. Im tropischen Vivarium leben Affen, Reptilien, Amphibien und Fische.

HOTEL-RESTAURANT GOLDENER SCHLÜSSEL /// RATHAUSGASSE 72 ///
3011 BERN /// (00 41) / 03 11 / 02 16 ///
WWW.GOLDENER-SCHLUESSEL.CH ///

99 SCHRITTE VOM ZYTGLOGGETURM ENTFERNT

Goldener Schlüssel

1/11

Es war einmal ein armer Schlittenjunge, der wollte sich in der Kälte am warmen Feuer wärmen. Unter dem Schnee fand er einen ›goldenen Schlüssel‹ … Wie das Märchen der Gebrüder Grimm endet, das können Sie selbst nachlesen. Die Geschichte des Goldenen Schlüssels in Bern hat schon vor über 500 Jahren begonnen. Heute finden Sie in dem im Jahre 2008 komplett umgebauten Haus einen angenehmen Dreisterne-Komfort. Mit Ihrem Besuch im ältesten Gasthaus der Stadt, werden Sie Mitautor/ Mitautorin der Geschichte des historischen Hauses. Das ist kein Märchen!

Es gibt einige Fakten rund um den Goldenen Schlüssel, die sich eher anhören wie ein Märchen. Fakt 1: Sie erreichen den Eingang zum ältesten Gasthaus Berns in 99 Schritten vom Zytgloggeturm, einer der berühmtesten Sehenswürdigkeiten der Stadt. In der malerischen Rathausgasse 72, fast etwas versteckt unter den Lauben (Arkaden) – wie ein Märchenhaus. Fakt 2: Herzstück des Hauses ist die Gaststube mit der einzigartigen, uralten, gewölbten Holzdecke. Da, wo früher Pferde ihren Stall hatten, können Sie sich heute kulinarisch verwöhnen lassen. Ein vielfältiges Angebot regionaler, traditioneller Gerichte lässt die Wahl manchmal zur Qual werden. Fakt 3: Wenn Sie die Leidenschaft der Gastgeber für ausgezeichnete Schweizer Wurstkreationen teilen, sollten Sie auf der Speisekarte die Rubrik ›Wurstspezialitäten‹ beachten. Sie können sich auf eine kleine Schweiz-Reise durch die Welt kulinarischer Leckereien zwischen zwei Zipfeln begeben. Wer sich literarisch für die reichhaltige Wurstgeschichte der Schweiz interessiert, dem sei das Buch ›Alles ist Wurst‹ von Fritz von Gunten empfohlen. (www.fritzvongunten.ch). Fakt 4: Den Goldenen Schlüssel allein auf das kulinarische Angebot zu reduzieren wäre zu einfach. Mit einem besonderen Schlüssel erhalten Sie Zugang zu einladenden Zimmern. Die Junior Suite bietet den Luxus, den es braucht, um sich als Gast wie ein König zu fühlen. Den Ausblick auf die pittoreske Dachlandschaft Berns sollten Sie sich nicht entgehen lassen. Hört sich schon wieder an wie ein Märchen, ist aber ein Fakt.

In der Rathausgasse finden Sie auf engstem Raum das größte Angebot von Buchantiquariaten in Bern. Von Ali-Baba's Bücherhöhle über die Bücher-Eule bis zum Kinder-Bücherland. Auch wieder märchenhaft!

RESTAURANT ZÄHRINGER /// BADGASSE 1 /// 3011 BERN ///
(00 41) / 0 31 / 312 08 88 /// WWW.RESTAURANT-ZAEHRINGER.CH ///

TUNZ MER E LIGU LEHM

Matte

›Gib mir ein Stück Brot‹, so lautet die Übersetzung der Titelzeile aus dem Mattenenglisch. Die Mätteler – die Bewohner direkt am Aareufer waren ursprünglich minderbemittelte Leute wie Tagelöhner, Fischer, Fuhrmänner, die nicht dem Bürgerstand angehörten. Fremdarbeiter und Handelsleute brachten sprachliche und kulturelle Einflüsse aus dem Französischen, dem Jiddischen, dem Jenischen. So entstand eine Sprache, die sich klar vom Stadtberndeutsch der gehobenen Schicht unterschied – das Mattenenglisch.

Das Mattequartier direkt am Aareufer ist vom restlichen Stadtgebiet deutlich abgetrennt. Sie sollten es unbedingt besuchen. Viele Geschichten und Gerüchte kursieren über die Vergangenheit. So soll auch ein Goldfass verborgen im Boden versteckt sein. Aber wo? An der Schifflaube Nr. 34 jedenfalls nicht. Dort ist nämlich eine Platte im Boden verlegt mit der Aufschrift ›Lehe ische ds'Issfe itme ide ludgeicklischte idne irve-ibegre!‹, was auf gut Deutsch so viel heißt wie: ›Hier ist das Fass mit den Goldstückchen nicht vergraben!‹. Die Geschichte vom Goldfass erinnert an die Zeit nach 1798, als Bern von den napoleonischen Truppen besetzt war. Der französische Kaiser hatte es auf den Berner Staatsschatz und viele weitere Kostbarkeiten abgesehen, um die von ihm geplanten Feldzüge finanzieren zu können. In der Matte gab es zahlreiche bekannte Goldschmiede. Zum Schutz vor fremden Dieben versteckten sie ihre wertvollen Güter in einem Fass und sollen es hier vergraben haben. Wer heute durch die Matte flaniert, findet also kein Gold, dafür die erwähnte Platte mit dem geheimnisvollen Text. Lesen Sie die Inschrift laut. So kommen Sie in Kontakt mit dem Mattenenglisch.

Eine weitere empfehlenswerte Erkundungstour von der Oberstadt an die Aare ist jene mit der kürzesten Drahtseilbahn Europas, der 105 Meter langen Marzilibahn von der Bundesterasse ins Marzili und dem Fußmarsch zurück über den Münzrain hoch zum Casinoplatz. Sie bewegen sich dabei ganz zu Füßen des Parlamentsgebäudes der Schweiz.

Steigen Sie über die mit Schindeln überdachte Holztreppe von der Nydeggbrücke direkt in die Matte. Der Weg unter den niedrigen Bogenlauben bis zum Restaurant Zähringer und mit dem Mattenlift hoch zur Münsterplattform eröffnet Ihnen eine ganz spezielle Perspektive von Bern.

RESTAURANT ROSENGARTEN /// ALTER AARGAUERSTALDEN 31 B ///
3006 BERN /// (00 41) / 0 31 / 331 32 06 /// WWW.ROSENGARTEN.BE ///
ÖFFNUNGSZEITEN: MÄRZ – MITTE NOVEMBER, TÄGLICH 9 – 24 UHR ///

SCHENKT MAN SICH ROSEN ...

Rosengarten

3

Kennen Sie den Duft von Christian Dior oder das sanfte Rouge von Gina Lollobrigida, wünschen Sie ein Stelldichein mit der Christel von der Post oder gar einen Nachmittagstee mit Kleopatra? Möchten Sie all diesen ›Promis‹ in ganz ungezwungener Form begegnen? Im Rosengarten der Stadt Bern ist dies möglich. Von dieser prächtigen Gartenanlage mit einem Restaurant und gedeckter Aussichtsterrasse aus genießen Sie zudem den wohl eindrucksvollsten Ausblick über die Dächer der Altstadt und auf die Aareschlaufe.

Ein Spaziergang durch den Rosengarten ist auch ein Wandeln durch seine Geschichte. Bis ins 19. Jahrhundert war ›Rosengarten‹ die Bezeichnung für einen Friedhof. In Bern war dies von 1765 bis 1877 auch der Fall. 1913 wurde das Gelände in eine öffentliche Parkanlage umgewandelt, und seit 1917 werden hier Rosen gezüchtet. Mittlerweile treffen Sie auf über 220 verschiedene Rosen, mit all ihren prominenten Namen, auf 200 Iris- und rund 30 Rhododendronarten. 60 Lindenbäume säumen seit 1997 die gepflegte Kreuzallee, spenden an warmen Sommertagen kühlenden Schatten und verbreiten zusammen mit vielen Duftrosen einen süßlich verführerischen Blütenduft. Die Linde gilt bekanntlich als Baum der Liebe. Rosen werden ebenso als Blumen der Liebe geschenkt. Wer möchte da nicht schon mal im Paradies der Liebe wandeln?

Zurück in die Realität: Der Rosengarten ist jener Ort Berns, wo Sie die wohl einmalige und eindrücklichste Sicht über die Dächer der Stadt vorfinden. Da ist es kaum erstaunlich, dass Sie im gepflegten Restaurant nicht nur auf Gäste, sondern vor allem auf Bernerinnen und Berner stoßen, denn auch sie lieben diesen Ort. Für Familien mit Kindern ist er eine Oase der Erholung, schließlich können sich die Kleinsten auf dem großen Kinderspielplatz oder den großzügigen Rasenflächen austoben. Den Rosengarten erreichen Sie zu Fuß vom Bärenpark her oder mit der Buslinie Nr. 10 Richtung Ostermundigen. Parkplätze für den Individualverkehr sind kaum vorhanden.

Treten Sie ein in den Lese- und Spielpavillon. Der kleine Innenhof lädt zum Verweilen ein. Leihen Sie sich ein Buch aus, vergessen Sie den Alltagsstress. Jeremias Gotthelf würde sich, wäre er in Fleisch und Blut und nicht als Bronze-Büste anwesend, sicher gerne für ein Gespräch zu Ihnen setzen.

VEREIN STATTLAND /// POSTFACH 8353 /// 3001 BERN ///
(00 41) / 0 31 / 371 10 17 /// WWW.STATTLAND.CH ///

VON A WIE ALBRECHT VON HALLER BIS Z WIE ZYTGLOGGE

Stattland Bern

4

Bei StattLand ist manches anders: Ein Häuserblock aus den 1950er-Jahren kann ins Zentrum des Interesses rücken und nicht nur Touristen, sondern vor allem Berner und Bernerinnen gehen auf Entdeckungsreise in der eigenen Stadt. Der Verein bietet thematisch inszenierte Rundgänge durch Bern an, die den Blick schärfen für die nur scheinbar gewöhnlichen Seiten der Gemeinde, die sonst verborgen bleiben. Sie erlauben einen Blick in Winkel der Altstadt und in die Entwicklung der Quartiere.

Weshalb Bern auf Wein gebaut ist und warum die Mätteler Mattenenglisch sprechen. Wo Königin Bertha ihre Forellen züchtete und was sich im Häxehüsli versteckt. Wie eine Großfürstin Hof hält und wo ein Berner Troubadour sonntags Boule spielt.

StattLand lädt Sie ein, auf seinen ›etwas anderen Stadtrundgängen‹ Geschichte und Gegenwart der Stadt Bern zu erwandern, Ihren Blick in den Gassen schweifen und verweilen zu lassen, Fragen zu stellen und Antworten zu erhalten und in kleinen Details große Zusammenhänge zu entdecken. Spüren Sie verschiedenen Themen und Personen nach, erfahren Sie auf eingängige, sinnliche Weise, was sich hinter den Berner Fassaden versteckt, und eröffnen Sie sich damit einen anderen Blick auf Bern. Seit gut 20 Jahren entwickelt StattLand für Sie Rundgänge, die laufend aktualisiert werden. Die Rundgangleitenden werden meistens von Schauspielenden begleitet, die als Verkörperung historischer Persönlichkeiten das Erzählte beleben und Ihnen so ein vertieftes Bild von Ereignissen und Entwicklungen vermitteln. Neben diesen Inszenierungen bieten die Rundgänge weitere erlebnisorientierte und künstlerische Elemente. Durch die Auseinandersetzung mit den Inhalten an Ort und Stelle wird der öffentliche Raum direkt zum Ort des Geschehens und Erlebens, sei es bei der Stadtführung ›Ein Berner namens Matter‹ zum berühmtesten Värslischmied der Schweiz, bei ›Bern kriminell‹ unterwegs zu literarischen Tatorten in Bern oder beim Rundgang ›Bern kulinarisch‹ zu den Tafelfreuden in Sandsteingebäuden.

Das Buch ›Bern statt fern – Fünf thematische Stadtspaziergänge‹ lädt ein, Bern von einer anderen Seite kennenzulernen (www.stattland.ch).

RESTAURANT – PIZZERIA GROCK /// NEUENGASSPASSAGE 3 ///
IM ERSTEN STOCK /// 3011 BERN /// (00 41) / 0 31 / 311 39 24 ///
WWW.GROCK-BERN.CH ///

»WARUUUUUUUUM? – NID MÖÖÖÖÖÖÖÖÖÖÖGLICH!«

Grock

2/11

»Gäbe es die Möglichkeit einer Wiedergeburt und könnte man sich wünschen, als was man wiedergeboren würde, es gäbe für mich nur eines: Ich würde wieder Grock – ein Clown!« Der dies sagte, war Charles Adrien Wettach, der unter seinem Künstlernamen Grock weltweit als Musikclown bekannt wurde. Schlendern Sie durch Berns Gassen und Lauben und verirren Sie sich bewusst in die Neuengasspassage 3. Oben im ersten Stock tauchen Sie ein in die Welt des großen Clowns.

Als Komponist vieler Melodien beherrschte Grock (1880–1959) 24 Instrumente und spielte unter anderem virtuos Violine und Klavier. Ein Flügel steht denn auch mitten im Restaurant im ersten Stock an der Neuengasspassage 3. Zwar finden keine regelmäßigen Konzerte statt, aber geübte Klavierspieler und -spielerinnen dürfen den Gastwirt ansprechen, und schon gehört ihnen die Bühne. Spontaner ist ein Kontakt zum Publikum, so wie ihn der große Zirkusclown liebte, kaum möglich. Solches Ambiente genoss auch Grock. Seine Markenzeichen waren nebst den riesigen Schlappschuhen und den Schlabberhosen winzige Instrumente und sein in allen Tonarten interpretiertes »Waruuuuuuuum?« gefolgt von einem ebenso lang gezogenen »Nid mööööööööööglich!« – vorgetragen voller Naivität und mit größtem Erstaunen, versteht sich. Wettach sprach sechs Sprachen fließend: Französisch als Muttersprache, Englisch, Italienisch, Deutsch, Spanisch und Ungarisch. Ursprünglich als Sprach- und Reitlehrer in Ungarn tätig, brach er 1899 von Ungarn aus auf eine Reise durch die Zirkus- und Kunstwelt von Südamerika, die ihn bis nach England führte, wo er sich 1915 für neun Jahre niederließ. Später lebte er an der italienischen Riviera und in Paris. 1944 flüchtete er in die Schweiz, in das Juradorf Reconvilier, wo er bald als Künstler auftrat und 1951 sein erstes Zirkusunternehmen gründete. 1954 kehrte er zurück nach Italien. In seinem Testament hielt er für seine Bestattung fest: ›Keine Blumen, keine Reden und auf keinen Fall einen Priester oder Pfarrer.‹

»Nid mööööööööglich!« Doch! Im Restaurant Grock können Sie Ihre kulinarischen Gelüste auf der größten Dachterrasse Berns genießen. Werfen Sie zudem einen Blick auf die Zeitungs- und Bücherwand – zahlreiche Magazine und Bücher aus der Zirkuswelt warten auf interessierte Gäste.

BERN TOURISMUS /// TOURIST INFORMATION IM BAHNHOF ///
BAHNHOFPLATZ 10 A /// 3011 BERN ///
(00 41) / 0 31 / 328 12 12 /// WWW.BERNTOURISMUS.CH ///

STUNDENLANGES EINKAUFEN BEI JEDEM WETTER

Gassen-Einkauf-Passagen

5

›Sie ist die Schönste, die wir je gesehen haben.‹ So das Lob von Johann Wolfgang von Goethe in einem Brief an seine Freundin Charlotte von Stein, als er im Jahre 1779 Bern besuchte. Bern ist nicht nur die ›Schönste‹, Bern hat mit seinen über 6 Kilometer langen Arkaden und den 14 Passagen die längste gedeckte Einkaufspromenade Europas. Die Arkaden, in Bern nennt man sie ›Lauben‹, und die mit Glasdächern geschützten Passagen eignen sich hervorragend für unbeschwertes Flanieren und Shoppen in historischer Stadtkulisse.

Den Regenschirm können Sie zum Einkaufen und Flanieren durch Berns Altstadt getrost zu Hause lassen. Vom Bahnhofplatz, überdeckt mit einem modernen Baldachin, steigen Sie direkt ein in die Arkaden von Bern und können in der Laubenwelt bis hin zur Nydeggbrücke, in unmittelbarer Nähe vom Bärenpark, die Einkaufswelt genießen. Diese Laubengänge gehen auf die früheste Stadtentwicklung (1191) zurück und dienten bereits damals dem Schutz der Marktstände und Geschäfte. Die Kramgasse war – und ist wohl heute noch – die belebteste Handelsstraße. Die parallel verlaufenden Nebengassen sind weitgehend im urtümlichen Zustand geblieben und meist durch gedeckte Passagen mit Cafés, Bars und Einkaufsläden bequem erreichbar.

Wer die Stadt nicht unter den Lauben, sondern auf den kopfsteingepflästerten Gassen durchschlendert, wird sehr rasch auch die vielen Erker, die Zunfthäuser mit geschmückten Gewerbeschildern und die wunderschönen Figurenbrunnen aus dem 16. Jahrhundert bestaunen können. Im Sommer beeindrucken die vielen geraniengeschmückten Fensterfronten.

Ihren Sinn fürs Praktische bewiesen die Berner auch damit, dass sie die ›Unterwelt‹ für ihre Zwecke nutzten. Unter jedem Haus bauten sie Gewölbekeller, um die Warenvorräte zu lagern. Heutzutage verbergen sie in den Kellern ganz andere Schätze. Steigt man die steilen Steintreppen hinunter, offenbart sich eine neue Welt. Im Untergrund befinden sich trendige und urchige Bars, Clubs, Theater, Kellerkinos und spezielle Modegeschäfte.

Genießen Sie Ihr Einkaufserlebnis unter den längsten wettergeschützten Einkaufspromenaden Europas in einem der zahlreichen Straßencafés. Die Gemütlichkeit der Berner holt Sie aus dem Alltagsstress heraus. Oder machen Sie einen Besuch im Rathaus von Bern.

INFOSTELLE TOURISMUS /// MÜNSTERPLATZ 1 /// 3000 BERN 8 ///
(00 41) / 0 31 / 312 04 62 /// WWW.BERNERMUENSTER.CH ///

EIN SPÄTGOTISCHES WUNDERWERK

Münster

6

Das Berner Münster ist so etwas wie eine ewige Baustelle. Jedenfalls bekommt man als Bewohner der Stadt diesen Eindruck, denn um den Turm hängt seit Jahrzehnten eine Manschette aus Baugerüsten, die mit etwas Glück ab 2011 für einige Jahrzehnte der Vergangenheit angehört. Dann ist endlich alles renoviert, die Schäden im Sandstein sind ausgebessert, die Kirche strahlt im ursprünglichen Glanz.

Das Berner Münster hat eine bewegte Baugeschichte hinter sich. Für die nach dem verheerenden Brand von 1405 neu errichtete Stadt musste eine größere Kirche gebaut werden. Anstelle der früheren Leutkirche legte man 1421 den Grundstein. Zu dieser Zeit befand sich auf dem heutigen Münsterplatz noch der Friedhof, der durch eine Aufschüttung und Befestigung der Aarehalde kurzzeitig auf die Plattform (1530 vollendet) verlegt werden konnte. Der Bau der Kirche wurde mit der Einwölbung des Mittelschiffs 1575 vorerst abgeschlossen. Wegen statischer Schwierigkeiten hat man die Spitze des Turms erst 1889–1893 ergänzt. Er erreicht nun eine Höhe von genau 101 Metern.

Das Berner Münster ist die größte spätgotische Kirche der Schweiz, besitzt den zweitgrößten mittelalterlichen Glasfensterzyklus und ein handwerklich hervorragendes hölzernes Chorgestühl. Ebenso berühmt ist das Westportal, das als eines der letzten gotischen Portale mit einem umfassenden Bildprogramm gilt. In dessen Zentrum beeindruckt das Jüngste Gericht mit 171 Originalfiguren nach einer jahrzehntelangen Renovation in leuchtenden Farben.

Die Wandmalereien von Verkündigung und Sündenfall (1501) stammen von einem Maler aus dem Umkreis der Nelkenmeister, die Bildhauerarbeiten der Klugen und Törichten Jungfrauen sowie weiterer Figuren sind Kopien. Die ursprünglichen Sandsteinskulpturen haben unter der Verwitterung zu stark gelitten und mussten ersetzt werden. Die Originale sind im Untergeschoss des Bernischen Historischen Museums zu bewundern, zusammen mit weiteren Figuren, die während der Reformation zerstört und als Bauschutt in der Plattform versenkt worden waren. Man hat sie 1986 bei Sanierungsarbeiten geborgen.

254 Treppenstufen führen zur unteren, noch einmal 90 Stufen zur oberen Galerie auf dem Münsterturm. Man steigt dabei an den beiden Geschossen mit den sieben Glocken vorbei.

BERN TOURISMUS /// TOURIST INFORMATION IM BAHNHOF ///
BAHNHOFPLATZ 10 A /// 3011 BERN ///
(00 41) / 0 31 / 328 12 12 /// WWW.BERNTOURISMUS.CH ///

SPRITZIGE WASSERATTRAKTIONEN

Brunnen in Bern

7

Wir schreiben das Jahr 1394. Ein sehr heißer und trockener Sommer. Dies ist die Geburtsstunde der überaus reichhaltigen Geschichte der Berner Stadtbrunnen mit ihren zum Teil illustren Namen. Der Kindlifresser-Brunnen zum Beispiel stellt vermutlich eine Fastnachtsfigur dar, die gerade ein nacktes Kind verschlingt. Und seit dem 1. August 2004 ist mit dem Wasserspiel auf dem neu gestalteten Bundesplatz gar noch eine weitere Wasserattraktion zu bestaunen.

Vier Hauptpfeiler prägten das visuelle Gesicht einer mittelalterlichen Stadt: Der Glaube – durch Kirchen; das Recht – durch das Rathaus; Speis und Trank – durch den Markt; und die Lebensquelle – durch die Brunnen. Noch bis vor 100 Jahren spielte der öffentliche Brunnen im Leben einer Stadt eine viel größere Rolle als heute. Am Brunnen trafen sich die Frauen und Dienstmägde zum Waschen. Der Wasserträger, meist ein stadtbekanntes Original, trug Wasser für ein kleines Entgelt in Wohnungen. Fuhrleute tränkten ihre Pferde, und Bauern, die ihr Vieh zu Markte trieben, machten hier Halt. Tagsüber pulsierte am Brunnen reges Leben. Neuigkeiten, Familienklatsch und Gerüchte machten die Runde. Brunnen waren nie ausschließlich Wasserspender. Die eigentliche Funktion haben sie heute aber verloren. Sie sind nunmehr schmucke Denkmäler und dienen Gästen aus aller Welt als dankbarer Hintergrund für Fotosujets. Dass sich das heutige Stadtbild mit dem reichhaltigen Angebot historischer Brunnen zieren kann, geht auf die testamentarische Übertragung des Vermögens von Schuhmachermeister Heinrich Philipp Lösch aus dem Jahre 1896 zurück. Ihm ist auf der östlichen Seite des Münsters der schlichte Löschbrunnen gewidmet. Auf der Direttissima vom Bahnhof bis zum Bärengraben schlendern Sie vorbei am Pfyffer-, Anna-Seiler-, Schützen-, Zähringer-, Simson-, Kreuzgass- und Gerechtigkeitsbrunnen. In den zahlreichen Nebengassen treffen sie auf weitere historische Brunnen. Unweit vom Hauptportal des Rathauses lädt gar eine Treppe ein zum Hochsteigen auf den Brunnenturm. Hier werden Sie selbst zur Brunnenfigur.

Das neue ›Rütli‹ der Schweiz – der Platz im Herzen von Bern. Das Wasserspiel auf dem Bundesplatz, mit den 26 Wasserfontänen, die sinnbildlich für die 26 Kantone der Schweiz stehen, kann ab Frühlingsbeginn bis Ende Oktober jeweils zur vollen und halben Stunde bestaunt werden. Dienstag und Samstag ab 14 Uhr.

RESTAURANT MILLE SENS – LES GOÛTS DU MONDE ///
SPITALGASSE 38 (IN DER SCHWEIZERHOF – PASSAGE) /// 3011 BERN ///
(00 41) / 0 31 / 329 29 29 /// WWW.MILLESENS.CH ///

1.000 SINNE, 1.000 WEINE, 1.001 IDEEN …

Mille Sens

3/11

… und weil das Restaurant in Bern liegt, wo nach wie vor viele Leute auch Französisch sprechen, lauten die Botschaften eben ›mille sens‹, ›mille vins‹ und ›mille portails‹. Am Herd entführt Domingo S. Domingo, gebürtiger Philippiner, auf eine kulinarische Entdeckungsreise um die Welt. In seine Kochkunst fließen die Eindrücke seiner Kocherlebnisse rund um den Globus ein. »Die Kunst ist es, das Kochhandwerk mit den Kochgeheimnissen zu verbinden und zu begeistern.« Domingo S. Domingo und Sternekoch Urs Messerli stehen beide gleichermaßen hinter diesem Credo. Wenige Schritte vom Hauptbahnhof Bern, direkt neben dem Schweizerhof, befindet sich die Passage zum neuen Restaurant Mille Sens.

Verschiedenste Gerüche von ofenfrischer Pizza, herrlich duftendem Kaffee, wohl riechenden exotischen Kräutersorten, aber auch von herrlichem Brot empfangen Sie. Im Restaurant kann man dem Koch in der Mille-cru-Bar bei der Zubereitung der verschiedenen Speisen zuschauen. Von Ceviche und Sashimi bis zu marinierten Fisch- und Fleischgerichten wird alles frisch vor Ihren Augen zubereitet.

In bequemen Sitzgruppen mit stilvoll gedeckten Tischen, aber auch an Stehtischen oder an der Bar können Sie nun Ihre Sinne aktivieren. Es gibt also gut und gern 1.000 Gründe, diese Gaststätte zu besuchen und hier einen ebenso edlen Wein zu genießen. Die Philosophie dazu lautet: ›Wein ist Poesie in Flaschen und unsere Passion.‹ Sie haben gar die Möglichkeit, Ihren Wein für zu Hause übers Internet zu bestellen. Erstaunt es da noch, wenn Sie erfahren, dass Urs Messerli seine 1.000 Ideen im Wettkampf internationalen Jurys vorlegte? Zweimal wurde er als Kochweltmeister und 2002 als die gastronomische Entdeckung des Jahres ausgezeichnet.

Lassen wir doch abschließend nochmals Urs Messerli zu Wort kommen: »Es ist mir ein Anliegen, die Echtheit der einzelnen Spitzenprodukte erkennbar in den Vordergrund zu stellen.«

Wählen Sie das Menu »Le Tour du Monde«. Bei der kulinarischen Weltreise überlassen Sie der Kochequipe die Wahl der gastronomischen Destinationen. Sie konzentrieren sich ausschliesslich auf das Entdecken der Genüsse!

ZYTGLOGGE-FÜHRUNGEN /// BERN TOURISMUS ///
TOURIST CENTER IM BAHNHOF /// BAHNHOFPLATZ 1 /// 3011 BERN ///
(00 41) / 0 31 / 328 12 12 /// WWW.BERNINFO.COM ///
EINE PRIVATE HOMEPAGE: WWW.ZYTGLOGGE-BERN.CH ///

CHRONOS UND DIE BÄRENPARADE

Zytglogge

8

Ist die Zeit eine verlässliche Größe, oder ist sie relativ? Diese Gedanken mögen Albert Einstein beherrscht haben, als er – ein Angestellter des Berner Patentamts – im Jahre 1905 unweit des Glockenturms an der Kramgasse 49 (Einstein-Museum) seine Spezielle Relativitätstheorie theoretisch untermauerte. Ob ihn dabei der tägliche Blick auf die astronomische Uhr des Zytglogge inspiriert hat, weiß man nicht.

Wenn Trauben von Touristen jeweils zur vollen Stunde Hälse und Fotoapparate in die Höhe recken, weiß man als Berner: Es ist wieder Zeit für den spätmittelalterlichen Figurentanz. Im Innern des Turms würde man Räder und Stangen in einer metallenen Halterung aus dem Jahr 1530 sehen, würde ihr Klackern und Stoßen hören, bevor man von außen die Bewegungen an der Fassade wahrnimmt. Zuerst kräht der Hahn und plustert sich auf. Der Narr unter ihm läutet das Glöcklein, Chronos dreht die Sanduhr, die sieben Bären der städtischen Wachmannschaft bewegen sich im Kreis. Zuoberst auf dem Turm schlägt die vergoldete Figur des Hans von Thann mit dem Hammer die Stundenglocke. Und zuletzt kräht nochmals der Hahn.

Ursprünglich war dies einfach ein hinten offener Wehrturm der ältesten Stadtmauer, erbaut wohl 1218, der als Gefängnis genutzt wurde. Nach dem verheerenden Brand von 1405 wurde der Turm wiederaufgebaut und später mit einer rückwärtigen Wand versehen. Dort hing schon zur Bauzeit ein Astrolabium, das heute noch – allerdings mit neueren Zifferblättern – Zeit, Wochentag, Datum, Tierkreiszeichen, Mondphase und Dämmerungsgrenze anzeigt.

1527–1530 baute der Berner Schlosser und Waffenschmied Kaspar Brunner das Uhrwerk, das heute noch seinen Dienst tut – allerdings nur, wenn der Zytglogge-Richter Abend für Abend die Gewichte hochzieht. Im 18. Jahrhundert blieb die Uhr für einige Jahre stehen. Es soll nicht wieder vorkommen. Denn die Turmuhr war schon immer die Hauptuhr der Stadt. Vom Zytglogge aus wurden Wegstunden gemessen, deshalb sind im Tordurchgang seit der Mitte des 17. Jahrhunderts zur Kontrolle die bernischen Längenmaße angebracht.

☞ Bern Tourismus bietet regelmäßig Führungen (üblicherweise morgens um 11 Uhr) durch das Innere des Zytgloggeturms an, wo man das originale Uhrwerk bewundern kann.

HOTEL BELLEVUE PALACE /// KOCHERGASSE 3 – 5 /// 3007 BERN ///
(0041) / 0 31 / 320 45 45 /// WWW.BELLEVUE-PALACE.CH ///

TRADITION UND ERNEUERUNG IN KLASSISCHEM AMBIENTE

Bellevue

4/11

Das Hotel Bellevue Palace ist ein Fünfsternehotel im Zentrum von Bern, wuchtig über dem Hang zur Aare gelegen, direkt angrenzend ans Bundeshaus. Manch einer behauptet, die Entscheidungen in der Schweiz würden nicht im Sitzungszimmer der Regierung oder im Parlamentssaal getroffen, sondern an der Bellevue-Bar. Wie auch immer, vom Restaurant La Terrasse aus genießt man auf jeden Fall Weitblick und erlesene Speisen zu Preisen, die sich auch der Normaltourist ab und zu gönnen darf. Kleidung: sportlich-elegant.

Wenn man Sie bei einem Restaurantbesuch noch nie mit rotem Teppich empfangen hat, sollten Sie es einmal beim Hauptpeingang des Bellevue Palace probieren. Denn, wenn man sich schon ins Fünfsternehotel begibt, probt man den großen Auftritt und lässt erst einmal die prunkvollen Räumlichkeiten auf sich wirken. Geradeaus geht's zum Restaurant La Terrasse, im Sommer vorzugsweise draußen. 16 Gault-Millau-Punkte bürgen für die Qualität des Gebotenen.

Sie dinieren in gehobener Atmosphäre, denn das erste Hotel Bellevue wurde 1865 eröffnet, um den Staatsgästen eine angemessene Unterkunft zu bieten. Unmittelbar nebenan lag das ursprüngliche Bundeshaus. Das jetzige Hotel Bellevue verbirgt hinter der Sandsteinfassade eine Eisenbetonkonstruktion, es wurde 1913 eingeweiht.

Heute stellt Küchenchef Gregor Zimmermann mit seinem Team von 24 Personen etwa 1.500 Mahlzeiten pro Tag bereit. Das Merkmal seiner Küche ist neben der absoluten Frische der Produkte deren regionale Herkunft und die Nachhaltigkeit der Herstellung. Vor allem etwas in Vergessenheit geratene Lebensmittel wie Linsen, Bohnapfel oder Hansli-Birnen inszeniert Zimmermann auf dem Teller und haucht ihnen neues Leben ein. ›Back to the roots‹ heißt sein Motto. Am Tisch erfährt der Gast gelebte Kochkunst, zeitgemäße Interpretationen großer Klassiker und ein lustvolles Zubereiten der Speisen.

Die Küchenphilosophie von Gregor Zimmermann kann als eine kulinarische Liebesgeschichte verstanden werden: Die Hauptrollen spielen die alte Schule in modernem Kleid, das leidenschaftliche Gastgeben und viel Liebe zum Detail. Das drückt sich in Zimmermanns Lieblingsspeise aus, der Berner Platte, neu angerichtet, traditionell, dennoch klein und fein.

CURIA CONFOEDERATIONIS HELVETICAE
WWW.MARKT-BERN.CH ///

HÄNDELE U CHRAME

Markt in Bern

9

Sie werden die Titelzeile dieses Beitrages wohl kaum auf Anhieb lesen und verstehen können. Spätestens nach dem Besuch eines der zahlreichen Märkte in Bern werden Sie aber verstehen, um was es da genau geht, und selbst gar das raue Berner ›ch‹ aussprechen können. Bern ist nicht nur die Stadt mit der längsten gedeckten Einkaufsstraße Europas. Bern ist auch jene Schweizer Stadt mit dem vielfältigsten Angebot an Märkten: Wochenmarkt am Dienstag und Samstag, Bärenmärit, Handwerkermarkt, Flohmarkt, Zwiebelmarkt – oder Zibelemärit – und schließlich der Weihnachtsmarkt.

Die Markttradition in Bern geht auf das Mittelalter zurück. Noch heute ist sie lebendig und führt Menschen unterschiedlichster Couleur zusammen. Das Angebot der Marktstände reicht von Blumen über frische Lebensmittel, Gemüse, Früchte, Käse, Fleisch bis hin zu Handwerk und Schmuck. Der Wochenmarkt findet jeweils am Dienstag und Samstag auf dem wichtigsten Platz Berns, dem Bundesplatz, aber auch auf dem Bärenplatz, in der Schauplatz-, Gurten- und Bundesgasse sowie in der Münstergasse statt. Hier also werden Sie die Ausdrücke ›händele u chrame‹ verstehen lernen. Dabei ist ein kurzer Schwatz oft ebenso wichtig wie der Einkauf selbst.

Die Münstergasse ist auf den Fleisch- Wurst- und Delikatessenmarkt spezialisiert. Jeweils am Dienstag und Samstag findet zudem auf dem Waisenhaus- und Bärenplatz der Waren- und der Bärenmärit statt. Auf der Münsterplattform, mit der prächtigen Aussicht auf die Aare und das Mattequartier, bieten Handwerker jeweils von März bis Dezember am ersten Samstag im Monat kunsthandwerkliche Arbeiten an. Von Mai bis Oktober können Sie jeden dritten Samstag im Monat auf dem Flohmarkt im Mattequartier auf Schnäppchenjagd gehen. Die Weihnachtsmärkte auf dem Waisenhaus- und Münsterplatz vom Samstag vor dem ersten Advent bis Weihnachten laden ein zu einem romantischen Bummel.

Der Zibelemärit (Zwiebelmarkt) ist der größte Markt in Bern. Er findet jeweils am vierten Montag im November statt. Kenner kommen bereits vor 6 Uhr, um die besondere Stimmung mit den leckeren Zwiebelzöpfen zu genießen. Am Nachmittag beginnt die vor allem bei Jugendlichen beliebte Konfettischlacht.

BUNDESHAUSFÜHRUNGEN /// PARLAMENTSDIENSTE ///
BUNDESPLATZ 3 /// 3003 BERN /// (00 41) / 0 31 / 322 85 22 ///
WWW.PARLAMENT.CH ///

HIER WIRD SCHWEIZER POLITIK GEMACHT

Bundeshaus

10

›Besuchen Sie uns. Das Parlamentsgebäude ist ein offenes Haus.‹ Im Bundeshaus, wie das Parlamentsgebäude genannt wird, tagen der 200-köpfige Nationalrat als Volksvertretung und die 46 Mitglieder des Ständerats als Vertretung der Kantone. Außerhalb der Parlamentssessionen sind öffentliche Besuche möglich. Besucher benötigen einen amtlichen Ausweis. Während der Sitzungen der eidgenössischen Räte, wie die Parlamentarier auch genannt werden, können Debatten von den Zuschauertribünen aus mitverfolgt werden.

1848 wurde die heutige Schweiz gegründet. Bern wurde anlässlich der ersten Bundesversammlung in November 1848 zur Bundesstadt gewählt. Also musste auch ein Parlamentsgebäude, das Bundeshaus, errichtet werden. Bereits 1852 wurde mit dem Bau des heutigen Westflügels begonnen. 1884 wurde es durch das spiegelbildliche Bundeshaus Ost ergänzt, und schlussendlich konnte am 1. April 1902 (kein Scherz!) der markante mittlere Teil mit der imposanten Fassade und der zentralen Kuppelhalle feierlich eingeweiht werden. In der Wartezone wird auf einer Messingwand die erste topografische Landeskarte der Schweiz (1845–1865) als Neudruck auf einer alten Kupferplatte gezeigt. Über zwei Treppen gelangt man in die imposante Kuppelhalle. Auf dem Weg durch die Wandelhallen und insbesondere in den beiden Ratssälen befinden sich zahlreiche symbolische Darstellungen zur Schweizer Geschichte. 38 Künstler aus allen Landesteilen der Schweiz waren für die Dekorationen am und im Bundeshaus verantwortlich.

Am 1. August 2004, dem schweizerischen Nationalfeiertag, wurde der neue Bundesplatz mit einem großen Volksfest eingeweiht. Wo früher parkende Autos den Blick auf das Bundeshaus verunstalteten, ist heute immer etwas los. Von politischen Manifestationen über stimmungsvolle Konzerte oder sonstige Kulturevents bis zum Gemüse-, Früchte- und Blumenmarkt, jeweils am Dienstag und Samstag. Besondere Aufmerksamkeit genießt das neue Wasserspiel mit insgesamt 26 für die Kantone stehenden Wasserfontänen.

Zur Sommerzeit vergnügen sich vor allem Kinder unter den Wasserfontänen auf dem Bundesplatz. Von Silvester bis Mitte Februar können Jung und Alt auf einem Eisfeld vor dem Bundeshaus nach Lust und Laune Schlittschuhfahren.

RESTAURANT DELLA CASA /// SCHAUPLATZGASSE 16 /// 3011 BERN /// (00 41) / 0 31 / 311 21 42 /// WWW.DELLA-CASA.CH ///

INNEREIEN UND ANDERES

Della Casa

5/11

1583 soll das Eckhaus Storchengässli-Schauplatzgasse als eines von sechs Gebäuden errichtet worden sein, das Erdgeschoss aus Sandstein, die beiden oberen Stockwerke aus Holz und Fachwerk, von hölzernen Laubenpfeilern gestützt. Diese Struktur ist heute noch sichtbar, während die Häuser rundherum im 19. Jahrhundert neu errichtet worden sind. Seit 1862 sind die Räumlichkeiten als Pinte oder Restaurant verbürgt, zuerst unter verschiedenen Namen, ab 1892 im Besitz der Tessiner Familie Della Casa, unter Bernern ›Delli‹ genannt. Heute führt Michele Rugolo den Betrieb.

Im Sommer empfängt einen das Della Casa in der Laube unter den hölzernen Trägern mit ein paar Tischen, an denen die Gäste ihre gebackenen Eglifilets oder ein Glas Wein genießen. Die Gelegenheit, in der Sonne zu sitzen, wird fleißig genutzt. Im Innern herrscht Gemütlichkeit, die sich in gebräuntem Holz ausdrückt und die man gern an dunklen Abenden genießt.

Wer als Berner Della Casa hört, denkt an den Stammtisch Nr. 1, an hölzerne Stuben, das Erdgeschoss vergilbt vom jahrzehntelangen Rauchen, an säuberlich gedeckte Tische im Restaurant im ersten Stock, an die schmale Treppe ins Obergeschoss und die Küche im zweiten Stock, an die Bleiverglasung mit Kathedralglas. Man erinnert sich an das gediegene Publikum, Gäste aus Politik und Wirtschaft, an Bundesräte und Banker sowie an die eine oder andere politische Entscheidung, die an den Stammtischen von den Bürgern heiß diskutiert worden ist.

Ebenso fallen einem die althergebrachten Gerichte ein, die immer noch gern konsumiert werden: Innereien aller Art, Leber, Niere, Kutteln, aber auch Kalbskopf-Vinaigrette, Ochsenschwanzragout, Bollito misto oder eine ausgiebige Berner Platte mit Siedfleisch, Speck, Rippli, Rindszunge, Zungenwurst, Buurehamme (Bauernschinken), Wienerli, Markbein, Sauerkraut und Kartoffeln. Daneben finden sich saisonale Spezialitäten auf der Speisekarte, sodass auch weniger Fleisch-Orientierte auf ihre Kosten kommen.

Das Delli gehört zum politischen ›Bermudadreieck‹, das sich über das Bundeshaus bis zur Bar des Hotels Bellevue fortsetzt. Zur Sessionszeit begegnet man Parlamentariern, ab und zu in Begleitung eines Bundesrats (Regierungsmitglied/Minister). Bundespolitik live.

MARRONI MALETTI /// BÄRENPLATZ /// 3011 BERN ///

HERBSTGESCHMACK UND WINTERBOTE

Marroni

11

Marroni, essbare Frucht der Kastanie, geadelt von Hildegard von Bingen, die schreibt: ›Der Kastanienbaum ist sehr warm, hat aber doch große Kraft, die der Wärme beigemischt ist, und bezeichnet die Weisheit.‹ Es ist eine gesunde und kräftigende Nahrung, die durch den Winter hilft. Der Geruch gerösteter Edelkastanien, die eiskalten Hände daran wärmen …

Fritz Bleuer arbeitet im Sommer für das Filmfestival Locarno. Zu Beginn des Herbsts jedoch zieht es ihn in sein heimatliches Bern, denn er hat hier eine Mission zu erfüllen: Fritz brät Kastanien. Und zwar seit mehr als 35 Jahren an einem Stand auf dem Bärenplatz, der für die Wintersaison an stets derselben Stelle aufgebaut wird. Genau wie die Marroni kehrt Fritz jedes Jahr zurück.

Vorher aber wollte er es genau wissen. Er besuchte den Produzenten der kostbaren Frucht im Piemont. Er beobachtete die Ernte, heute mit ausgeklügelten Maschinen bewerkstelligt, Baumschüttler, Siebgreifer, Sortierer, Wasch- und Vakuumieranlage, Trenn- und Verpackungsmaschine, jedes Teil einzeln gebaut vom akribischen Tüftler. Die Kastanien werden für den Export bereitgestellt, hier in Bern kühl gelagert, einzeln geritzt, bis sie in dem löchrigen Blechtopf über dem Gasofen landen und unter kundigen Händen auf den Punkt gar werden. Dann schwenken wir die warmen Marroni in den Händen hin und her, reißen die braune Schale auf und tun uns am hellen Fleisch gütlich, genießen den süßen Schmelz und spüren die Wärme, die sich von innen her ausbreitet.

Dann lächelt der Mann mit dem langen, nach all den Jahren weißen Kraushaar und sagt, dass Qualität beim Produzenten ihren Ursprung hat, aber nur gewahrt wird, wenn jeder in der Kette zum fertigen Produkt sein Bestes gibt. Wie es ein Imbiss-Künstler vom Schlag eines Fritz Bleuer eben macht.

Die Marroni-Saison dauert in Bern von Anfang Oktober bis etwa Ende Februar, je nach Wetter und Angebot an Rohstoffen.

☞ Gehen Sie mit der vollen Marroni-Tüte vom Bärenplatz hinüber zum Waisenhausplatz. Dort sehen Sie den Oppenheim-Brunnen, im kalten Winter von Eisdolchen bedeckt. Ein Vermächtnis der weltbekannten Surrealistin Meret Oppenheim an ihren jahrzehntelangen Wohn- und Arbeitsort Bern.

PROGR /// ZENTRUM FÜR KULTURPRODUKTION ///
WAISENHAUSPLATZ 30 /// 3001 BERN /// (00 41) / 0 31 / 318 82 70 ///
WWW.PROGR.CH ///

LEBENS- UND ARBEITSRAUM FÜR KUNSTSCHAFFENDE

Progr

12

Das ehemalige Schulgebäude am Waisenhausplatz wird von der Stiftung Progr (Abkürzung für das ehemalige Progymnasium) verwaltet. Die Stiftung besteht hauptsächlich aus den im Haus vertretenen Kunstschaffenden sowie ihnen zugewandten Menschen. Sie fördert zeitgenössische Kunst und stellt günstige Arbeitsräume für Künstlerinnen und Künstler aller Sparten zur Verfügung. Die ›visarte.galerie‹ zeigt zweimal jährlich einen Überblick über die künstlerische Produktion.

Das riesige Sandsteinhaus müffelt in den langen, linoleumbedeckten Gängen immer noch ein bisschen nach Untergymnasium, in den einzelnen Räumen kann man sich gut den Lernschweiß vergangener Generationen vorstellen. So kommen denn oft Bernerinnen und Berner hierher, die sich an ihre Schuljahre erinnern und in der Turnhalle ins Schwärmen geraten. Aber auch die ehemalige Aula mit dem blank gebohnerten Parkett und den schweren Vorhängen vor den großformatigen Fenstern mit Blick auf den Innenhof vermag an vergangene Zeiten zu erinnern.

In den heutigen Ateliers hingegen herrscht, je nach Künstler, pures Chaos oder nüchterne Aufgeräumtheit. Hier wird gearbeitet, ›Kunst gemacht‹, es entstehen Acrylgemälde, monumentale Betonskulpturen, fragile Zeichnungen und was der sichtbaren Dinge mehr sind, die man ab und zu in der Galerie oder bei einer speziellen Ausstellung bewundern kann.

Aber auch immaterielles Gedankengut wird gepflegt, sei es an der Gesprächsreihe ›Tacheles‹, der Vereinigung der Kunstschaffenden ›visarte‹ oder an einer der vielen anderen Veranstaltungen. Am besten überwindet man den etwas beklemmenden Eindruck, den schwere Holztüren alter Schulhäuser erwecken, und überquert die Schwelle. Man wird dahinter bestimmt einen hilfreichen Menschen finden. Und wenn es ein bärbeißiger ›Waldschrat‹ sein sollte, denke man daran, dass Kunst nicht ohne Anstrengung entsteht und insbesondere moderne Kunst oft begleitet ist von materiellen Nöten und intellektueller Verunsicherung.

Neben den Ateliers werden die Räumlichkeiten des Progr von der Café-Bar Turnhalle genutzt. Außerdem finden im Progr Musik-, Tanz- und Filmfestivals sowie Ausstellungen statt.

WER SICH NICHT MIT GESCHICHTSBÜCHERN HERUMSCHLAGEN WILL, FINDET VIELE HISTORISCHE UND KULTURELLE INFORMATIONEN AUF DER HOMEPAGE DER G26 PLATTFORM FÜR KUNST, KULTUR UND GESELLSCHAFT: WWW.G26.CH ///

GLÄSERNES TOR IN DIE STADT

13

Bahnhofplatz

Der Bahnhofplatz ist das eigentliche Eingangstor in die Stadt Bern, Dreh- und Angelpunkt des Alltagslebens. Empfangen wird man unter einem gläsernen Baldachin, wo sich zudem die meisten Haltestellen des Tram- und Busnetzes befinden. Gleich nebenan steht das Warenhaus Loeb, dessen ›Loeb-Egge‹ ein beliebter Treffpunkt ist. Es hat viele Diskussionen um dieses gläserne Dach gegeben und eine Volksabstimmung gebraucht, bis der Bau begonnen werden konnte. Inzwischen ist der Baldachin den Bernern ans Herz gewachsen.

Eigentlich ist der Bahnhofplatz eine lange Geschichte von Gebäuden, Plätzen und Straßen, die es nicht mehr gibt. Es ist also so etwas wie ein imaginärer Raum, durch verschiedene Umbauten ständig neu aufgeladen und täglich von Zehntausenden frequentiert.

Ursprünglich stand anstelle des Baldachins ein doppelter Festungsgürtel mit dem 55 Meter hohen Christoffelturm und zwei vorgelagerten Festungsanlagen, der Großen und der Kleinen Schanze. Die Letzteren bestehen immer noch, die Große Schanze als Park vor dem Hauptgebäude der Universität, die Kleine Schanze neben dem Bundeshaus ebenfalls als Park, mit dem Weltpostdenkmal.

Auf der Stadtseite befand sich im Christoffelturm eine zehn Meter hohe Figur aus Lindenholz aus dem Jahr 1498, die 1865 bei der Schleifung des Turms (damit er dem modernen Verkehr nicht im Wege stehe!) zersägt wurde. Eine Kopie des bemalten Kopfes ist in der Christoffel-Unterführung des Bahnhofs zu besichtigen und mag weiterhin den Reisenden Glück bringen.

Das ehemalige Bollwerk ist einer Straße und den Eisenbahngeleisen gewichen, denn der Platz wurde für den 1860 gebauten Sackbahnhof gebraucht, den es inzwischen nicht mehr gibt. Erhalten geblieben ist glücklicherweise die Heiliggeistkirche, eines der wenigen barocken Bauwerke im Kanton Bern, im Innern mit einer schlichten Säulenhalle, dennoch eine der bedeutendsten protestantischen Kirchenbauten der Schweiz.

☞ Gehen Sie die Spitalgasse hinunter in Richtung Altstadt. Nach etwa 200 Metern stehen Sie vor dem Käfigturm, von 1405–1897 Stadtgefängnis, heute Ausstellungsraum mit Politforum und Informationszentrum des Bundes. Er ist werktags zu Bürozeiten geöffnet (Eingang im Tordurchgang).

BERN TOURISMUS /// TOURIST INFORMATION IM BAHNHOF ///
BAHNHOFPLATZ 10 A /// 3011 BERN ///
(00 41) / 0 31 / 328 12 12 /// WWW.BERNTOURISMUS.CH ///

Straßennamen

Als 1798 die nur fünf Jahre währende Zeit der Helvetischen Republik begann, verlangten die französischen Besatzungstruppen, dass die Straßen in Bern angeschrieben werden. Außerdem wurde die Altstadt in fünf Farbkreise aufgeteilt. Die Beschilderung soll den Soldaten nach ausgelassenen Trinkgelagen dazu gedient haben, ihr Quartier wiederzufinden. Die Farben spiegeln die verschiedenen Bauphasen der Altstadt, von unten nach oben: schwarz für Nydegg, weiß für die Gerechtigkeitsgasse, grün für die Kramgasse, gelb für die Markt- und rot für die Spitalgasse.

Bei einem Spaziergang durch die Stadt Bern kommen wir an manch seltsamem Ort vorbei. Von Ostermundigen her (benannt nach den Leuten des alemannischen Ostermund) durchqueren wir das Galgenfeld, ein Ort, der die wildesten Fantasien beflügelt. Zum Glück liegen gleich nebenan der Rosengarten, der Schönberg und der Obstberg. Zum Glück? Obst findet man kaum in diesem Quartier, und auf dem Schönberg stand früher einer der städtischen Galgen.

Doch die Gerberngasse hält, was sie verspricht, denn hier wohnten und arbeiteten dic Gerber. In der Gerechtigkeitsgasse stand bis 1830 der Richterstuhl für das Blutgericht. Auf dem Bärenplatz befand sich der Bärengraben vor der Verlegung an seinen heutigen Ort. Der Hirschengraben bildete einen Teil der Befestigungsanlage. Dort wurden bis 1634 Hirsche gehalten.

Allerdings: In der Elfenau begegnet man nur selten einer Elfe. Im Fischermätteli gibt es schon längst keine Fischer mehr, selbst im Baumgarten sind die meisten Bäume gefällt, und die Stadtmühle ist vor ein paar Jahren vom Mühleplatz weggezogen.

Am Rand des Waisenhausplatzes ist im ehemaligen Waisenhaus die Polizeihauptwache untergebracht. Und wenn wir durch die Altstadt, durch Markt- und Kramgasse zurück zur Gerechtigkeitsgasse kommen, hoffen wir, dass heute anderes Recht herrscht als zu den Zeiten, in denen es noch ein Henkerbrünnli und einen Blutturm brauchte.

Eine Stadtwanderung vom Schosshaldenfriedhof quer durch die Altstadt bis zum Henkerbrünnli lässt einen mit den sprechenden Straßennamen eine Zeitreise machen und bietet viel Spielraum für eigenwillige Deutungen.

KUNSTMUSEUM BERN /// HODLERSTRASSE 8 – 12 /// 3000 BERN 7 ///
(00 41) / 0 31 / 328 09 44 /// WWW.KUNSTMUSEUMBERN.CH ///

KUNST VON ERLESENER QUALITÄT

Kunstmuseum

15

Die Wurzeln des Kunstmuseums Bern reichen zurück ins 18. Jahrhundert. Der Stettler-Bau, in dem sich die Ausstellungsräumlichkeiten befinden, wurde 1879 eingeweiht. Es ist das älteste Schweizer Kunstmuseum mit einer permanenten Sammlung und beherbergt Werke aus acht Jahrhunderten. Bemerkenswert sind eine Sammlung italienischer Malerei des Trecento und Quattrocento, die Tafelbilder von Niklaus Manuel Deutsch, Meisterwerke aus der Berner Tradition bis zu Paul Klee. Bemerkenswert ist auch die Sammlung der Werke von Adolf Wölfli.

Ein Ausstellungssommer im Kunstmuseum Bern: Zwei Künstler des 19. Jahrhunderts lassen die Gegensätze bildnerischen Gestaltens spüren. In den unteren Sälen ist Albert Anker ausgestellt, der ›Bauernmaler‹ aus Ins, wie er manchmal etwas abschätzig genannt wird, der für die Pariser Salons präzise gezeichnete und gemalte Porträts sowie Genrebilder in Serie produziert hat. Es sind Werke für den Völkerkundler, denn wo sonst ließen sich Mode, Interieurs und Stoffe aus Zeiten vor der Fotografie genauer ablesen als in Ankers Bildern? Deswegen faszinieren die selten ausgestellten Stillleben: ein Rettich neben einem Glas Bier, eine Flasche Absinthe mit zwei gefüllten Gläsern laden zum stillen Genießen ein. Ein verdunkelter Raum katapultiert Albert Anker ins 21. Jahrhundert mit der Video-Installation der Berner Künstlerin Chantal Michel, die sie zu seinen Bildern gestaltet hat: ein Huhn auf dunklem Hintergrund, ein ätherischer Schleier, die Haare einer Frau.

Im Erdgeschoss genießt man die Werke von Edward Burne-Jones, dem Präraffaeliten mit seinem imaginativen Ansatz, der ihn in die Malerei der frühen Renaissance zurückführt, in eine Zeit, als der klassische Strich die Formen und Figuren dominierte. Nicht immer kommt man mit derart vielschichtigen Eindrücken aus einem entrückenden Ausstellungsbesuch in die gewohnte Welt zurück.

Die Ausstellungen werden jeweils auf verschiedenen Ebenen begleitet, sei es durch Filme im Kino im Kunstmuseum, von thematischen Führungen, Bildbetrachtungen und einem kunstpädagogischen Angebot. Beachtenswert sind auch stets die hochwertigen Ausstellungskataloge.

STADTTHEATER
VORVERKAUF STADTTHEATER BERN /// BERN BILLETT ///
NÄGELIGASSE 1 A /// POSTFACH /// 3000 BERN 7 ///
(00 41) / 0 31 / 329 52 52 ///
WWW.BERNBILLETT.CH /// WWW.STADTTHEATERBERN.CH ///

1798 hat man das 30 Jahre zuvor errichtete Hôtel de Musique (heute Lounge/Club Du Théâtre) erstmals für eine Theateraufführung genutzt. 1903 wurde das heutige Stadttheater am Kornhausplatz eröffnet, seit 2007 bespielt vor allem das Sprechtheater die Vidmarhallen an der Grenze zwischen Bern und Köniz, der alte Prunkbau bleibt hauptsächlich dem Musiktheater vorbehalten. Das Stadttheater ist die einzige Bühne in Bern, die im Vollprofi-Betrieb arbeitet und in den drei Sparten Schauspiel, Oper und Ballett präsent ist.

Die Theaterszene in der Hauptstadtregion ist sehr vielfältig und bietet für jeden Geschmack etwas. Vorrangig zu erwähnen ist natürlich das Stadttheater, das nach wie vor den klassischen Bau aus dem Jahr 1903 bespielt.

Das ›Theater an der Effingerstrasse‹, Nachfolger des früheren Atelier-Theaters, bestreitet seinen Spielplan hauptsächlich mit modernen Stücken von Schweizer Autoren und erzielt damit einen beachtlichen Publikumserfolg (www.dastheater-effingerstr.ch).

Das ›Theater am Käfigturm‹ ist seit 1968 ein Gastspieltheater und spricht die breite Bevölkerung mit bekannten Akteuren an. Die Räumlichkeiten sind allerdings etwas in die Jahre gekommen (www.theater-am-kaefigturm.ch).

Das ›Schlachthaus Theater Bern‹ inszeniert sich in den kahlen Sandsteinwänden mit experimentellen Aufführungen der freien Theaterszene Schweiz (www.schlachthaus.ch).

Bern weist eine reiche Kleintheatertradition auf, die viel zum kulturellen Leben der Stadt beigetragen hat. Von all diesen Bühnen existieren nur noch das ›Narrenpack-Theater‹ (das Ensemble bespielt die eigene Bühne, www.narrenpack.ch) und das Zytglogge-Theater als Heimat der ›Chäller-Kumedi‹, einem Verein von Freunden des Amateur-Theaters (www.zytgloggetheater.ch).

Neu eröffnet worden sind in letzter Zeit das ›Theater Remise‹, das den Charme des Unvollendeten in einer alten Scheune zelebriert (www.theaterremisebern.ch), sowie das ›Theater Matte‹ (www.theater-matte.ch).

☞ Im Sommer gibt es in zahlreichen Ortschaften Laienaufführungen oder Inszenierungen in der freien Natur.

KORNHAUS CAFÉ & KORNHAUS KELLER /// KORNHAUSPLATZ 18 ///
3011 BERN /// (00 41) / 0 31 / 3 27 72 72 /// WWW.KORNHAUSKELLER.CH ///

VENEDIG LIEGT AUF WASSER, BERN ABER AUF WEIN

Kornhauskeller

6/11

Die Gaststätte im Kornhaus Bern zählt wohl zu den eindrucksvollsten der Schweiz. Das Gebäude wurde von 1711–1718 aus Sandstein errichtet, der im stadtnahen Steinbruch in Ostermundigen abgebaut wurde. In den drei Obergeschossen wurden Getreidevorräte gelagert, die große Halle im Erdgeschoss diente an Markttagen als Verkaufsplatz und im Keller wurde in großen Fässern der Zehnt- und Domäne-Wein gelagert. Aus dieser Zeit stammt auch das Sprichwort: ›Venedig liegt auf Wasser, Bern aber auf Wein.‹

Das Prunkstück des sakral anmutenden Raumes mit Mittelschiff und zwei seitlichen Schiffen, fast basilikaähnlich also, ist ein riesiges vergoldetes Fass, welches 22.600 Maß (37.968 Liter) Wein fassen könnte. Die Stadt Bern lagerte in diesem imposanten Keller ihren Domäne- und Zehnt-Wein aus dem Seeland und den Herrschaftsgebieten in der Waadt. Dazu kommt heute eine archaisch-schlichte italienische Küche. Aber auch besondere Berner Spezialitäten und währschafte Klassiker finden sich auf der Speisekarte. Oder wie der Küchenchef es ausdrückt: »Wir kochen mit Liebe und legen Wert auf das handwerkliche Können. Kaltgepresstes Olivenöl, Zitrone und Kräuter würzen die Speisen!«

Nebst dem Genuss kulinarischer Köstlichkeiten gilt es auch die Dekorationen und Malereien zu bewundern. Die zwölf Pfeiler zeigen die wichtigsten bernischen Frauentrachten. Die Rundbogen sind mit 31 Musikanten in der deutschen Männertracht der Renaissance verziert. Schließlich stoßen suchende Augen auf mythologische Gestalten wie der ›Mann im Mond‹, einen Drachen, einen Kornengel, eine Nixe oder ein Quellweiblein. Wer es weniger geschichtsträchtig mag, wird sich im Kornhaus Café, einem Treffpunkt für Kultur, Kunst und Genuss, wohlfühlen. Auf dem Straßenvorplatz und dem Weg zum Nachbargebäude, dem Stadttheater von Bern, lädt zur Sommerzeit ein Straßencafé zur Muße ein.

☞ Im historischen Monument von einmaliger Schönheit befinden sich in den Obergeschossen die Kornhausbühne, die Kornhausbibliothek mit Fachbibliothek für Gestaltung sowie das Forum für Medien und Gestaltung. www.kornhausbibliothek.ch

MENSCH
Homo sapiens
Familie: Menschenaffen (Hominidae)
Dieses Lebewesen ist für die Erhaltung der Biodiversität verantwortlich.

AUS DEN ALPEN IN DIE TROPEN

Botanischer Garten

17

Als Teil der Universität Bern wurde der Botanische Garten 1860 offiziell am heutigen Standort gegründet, besaß jedoch einige Vorläufer, sodass seine Geschichte etwa 220 Jahre in die Vergangenheit zurückreicht. Neben der Forschung hat das Institut für Pflanzenwissenschaften den Artenschutz zur Aufgabe, weshalb dort gefährdete Pflanzen gehegt und gepflegt werden. In erster Linie aber ist der Botanische Garten ein städtisches Erholungsgebiet, das den Besucher Respekt vor der Natur lehrt, indem es ihn zum Staunen bringt.

Einen botanischen Garten gibt es wohl in jeder größeren Stadt, und meist ist er besonders schön gelegen oder weist zumindest einen prächtigen Pflanzenbestand auf. Insofern unterscheidet sich die Berner Version nicht wesentlich von den andern. Dennoch sei dieser Garten empfohlen, denn er ist ein Ort der Ruhe, der Beschaulichkeit neben der städtischen Hektik. Und ein Paradies für kleine und große Entdecker.

Wenn man von der Lorrainebrücke durch den Haupteingang die Treppe hinuntersteigt, empfängt einen der Bereich Alpinum, der einen Überblick über die Pflanzen im Alpenbereich vermittelt. Oberhalb davon sieht man in einigen Schauhäusern verschiedene Vegetationszonen, unterhalb empfängt einen der Heilpflanzengarten mit seiner Duftoase. Im Waldgarten mit den Teich- und Sumpfgewächsen kann man im Schatten hoher Bäume lesen oder ein Nickerchen halten

Dann aber geht es wieder nach unten zu den drei großen Schauhäusern. Das Tropenhaus überfällt den Besucher mit schwülheißer Feuchtigkeit, aber auf dem Weg über das Farnhaus zum Sukkulentenhaus fällt das Atmen in der zunehmend trockenen Luft wieder leichter. Habe ich vergessen zu sagen, dass sich der Botanische Garten an einem steil gegen die Aare geneigten Hang befindet? Denn es wird nun höchste Zeit zum Abstieg über eine Treppe hinunter zum Uferweg. Links geht es zum Gartenrestaurant Altenberg, rechts erwartet einen das Lorrainebad.

Der Botanische Garten ist in den letzten Jahren aus einem gewissen Dornröschenschlaf geweckt worden. Neben den Aufgaben, die jeder Botanische Garten als Universitätsinstitut zu erfüllen hat, finden immer mehr Anlässe, Führungen, Workshops und Ausstellungen statt.

HIER KÖNNEN SIE IM STUNDENTAKT AKTUALISIERT NACHLESEN, WIE DIE SCHWIMMBEDINGUNGEN IN DER AARE SIND.

WWW.AAREMARZILI.INFO ///

FREIER EINTRITT INS SCHÖNSTE FLUSSBAD DER WELT!

Marzili Aarebäder

18

Auf ihr ›schönstes Flussbad der Welt‹ sind die Berner besonders stolz. Das Marzili-Bad lockt jeden Sommer unzählige Gäste an. Selbstbewusst schwärmen die Berner vom Sommer 1978, als die Hauptstadt als erste Gemeinde der Schweiz das ›Oben ohne‹-Verbot für Schwimmerinnen aufhob! Diese Neuigkeit verbreitete sich wie ein Lauffeuer. Das Marzili ist schlechthin der Treffpunkt der Berner Bade-Szene, wo bei entspannter Atmosphäre das Sommerleben genossen wird. Und das alles unmittelbar zu Füßen des Parlamentsgebäudes der Eidgenossenschaft.

Das Marzili gilt seit 1782 als größtes und meistbesuchtes Flussbad der Schweiz. Bereits seit 1700 wird in der Akademischen Badeanstalt, wie das Marzili früher hieß, gebadet. Diese Badetradition wird bis heute gelebt. Während oberhalb des Marzilis das bunte Stadtleben pulsiert, eignet sich das saubere Aare-Wasser wunderbar für eine Erfrischung.

Der Eintritt ins Flussbad ist kostenlos. Unerschrockene Gäste können an verschiedenen Zugängen mit Treppen und Haltestangen ins erfrischende Nass der Aare gelangen und sich von der starken Strömung treiben lassen.

Besuchen Sie Bern in den heißen Sommermonaten, dann ist ein Abstecher ins Marzili ein Muss. Der ausgelassene Trubel, die schöne Grünanlage, oben stolz das Parlaments- und Regierungsgebäudes der Schweiz, verbunden mit dem Schwimmen in der Aare, lassen den Stadtbesuch zum einmaligen und unvergesslichen Erlebnis werden.

Auf städtischem Gebiet, aber auch entlang der Aare finden Wasserratten weitere prächtige Schwimmbäder. So das Wylerbad, das Lorrainebad oder das Freibad Weyermannshaus mit seinem 25.000-Kubikmeter-Becken, das selbst an Tagen im Hochsommer mit Rekordbesucherzahlen genügend Platz zum Schwimmen bietet. Der Aare entlang sind es die Bäder in Muri und Münsingen.

Die Aare und ihre lauschige Umgebung voll genießen heißt: eine Schlauchbootsfahrt von Thun nach Bern. Unter kundiger Bootsführung gleiten Sie sicher über die windungsreiche Flusslandschaft der Bundeshauptstadt zu.

VEREIN BERNER GALERIEN /// POSTFACH 21 /// 3000 BERN 15 ///
WWW.VEREINBERNERGALERIEN.CH ///

KUNST AN ALLEN ECKEN UND ENDEN

Galerien

19

Der Verein Berner Galerien umfasst etwa 20 Mitglieder. Einmal jährlich (jeweils Mitte Januar) organisiert er das Galerienwochenende, an dem ein umfangreicher Überblick über das künstlerische Schaffen in gebündelter Form möglich ist. In den Berner Galerien finden jedes Jahr 120 Ausstellungen mit über 300 Kunstschaffenden statt. Daneben gibt es viele weitere Kunststätten, angefangen bei den großen Auktionshäusern bis zu den Off- und Off-Off-Ausstellungsräumen, wo sich die Szene jeweils neu formiert.

Als Beispiel für die lebendige Ausstellungsszene vor allem in der unteren Berner Altstadt, wo die Mietpreise noch nicht überall in astronomische Höhen gestiegen sind, präsentieren wir die Galerie DuflonRacz. Seit einigen Jahren ist sie in der Gerechtigkeitsgasse 40 zu finden. Von außen erblickt man durch ein kleinteiliges Fenster, wie ein stiller Voyeur, ein oft irritierendes Werk in einem Raum, der jungen Künstlerinnen und Künstlern aus der Schweiz eine Plattform bietet.

Die beiden weiteren Schwerpunkte von DuflonRacz heißen ›Art Contemporain‹ und ›Bis Heute‹. Hier wird aktuelles Schaffen vor allem aus der französischen Schweiz, aber auch aus Belgien, Deutschland, Österreich und den USA präsentiert.

Vor dem Betreten der Galerie mag manch einer von Schwellenangst befallen werden. Man sollte sie aber überwinden, denn es warten zwei Räume, in denen Gemälde, Zeichnungen, Videos oder Objektkunst zu entdecken sind. Nicht immer wird man mit dem Gebotenen glücklich, manchmal drückt der Preis der Kunstwerke auf die gute Laune, denn ab und zu möchte man doch auch ein Stück Kunst erwerben. Aber in der räumlichen Enge erfährt man die Objekte in drängender Präsenz, die Gestaltungsidee wird fassbar und der Geist, der dahintersteckt, greifbar.

So sind Besuche in kleineren Galerien oft mit Überraschungen verbunden, im schlechtesten Fall hat man zehn Minuten seiner Zeit vertrödelt, im besten neue Welten kennengelernt.

Die Galerie Art+Vision im Altstadtkeller an der Junkerngasse 34 wird seit 1973 von Edith und Martin Thönen geleitet und ist spezialisiert auf Holzschnitte, ein künstlerisches Genre, dem man in seiner reinen Form nicht häufig begegnet. www.artvision.ch

RESTAURANT LOKAL /// MILITÄRSTRASSE 42 /// 3014 BERN ///
(00 41) / 0 31 / 332 70 00 /// WWW.LOKAL-BERN.CH ///

QUARTIERRESTAURANT MIT KULTURPROGRAMM

Lokal

›Kulturell-Kulinarisches im Lokal‹ benennt das Restaurant im Breitenrain sein Programm. Die alte Quartierbeiz wurde in den letzten Jahren aufwendig restauriert und in ihren ursprünglichen Zustand zurückversetzt. In Zusammenarbeit mit der Denkmalpflege wurden gusseiserne Säulen freigelegt, und auch das Ess-Säli strahlt wieder in früherem Glanz. Draußen wartet im Sommer ein lauschiges Gärtchen auf die Bewohner des Quartiers, auf Gäste aus den umliegenden Hotels und der Stadt.

Im Sommergarten herrscht Hochbetrieb. Wer nicht reserviert hat, wird nur mit Mühe einen Platz finden. Denn ein gepflegtes Abendessen im Freien zu vernünftigen Preisen lockt viele Gäste ins Lokal, dessen Name zugleich Programm ist. Küchenchef Tobias Messerli arbeitet mit regionalen und saisongerechten Produkten und kombiniert sie immer wieder neu, manchmal mit exotischem Flair.

Mittags wählen die Gäste zwischen je einem täglich wechselnden Vegi- oder Fleischmenu oder bestellen einen Eintopf. Abends wird im Zweiwochenrhythmus ein Dreigänger serviert, und die Speisekarte ist etwas umfangreicher. Aber stets so, dass die Frische der Produkte gewährleistet und mit vernünftigem Aufwand gekocht werden kann. ›Klein, aber fein‹ lautet das Motto, und das Preisgefüge richtet sich danach.

Martin Abplanalp, Besitzer und Geschäftsführer des Lokals, bezieht seine Lebensmittel von ausgewählten Lieferanten; Gemüse und Salat immer, Fleisch nach Möglichkeit in Bioqualität, das Brot von der Bäckerei Bohnenblust, das Bier von der Privatbrauerei Felsenau.

Betritt man das Lokal, findet man sich zunächst an der Bar wieder. Dort unterhalten an zwei bis drei Abenden pro Monat Bands oder Schauspieler das kulturinteressierte Publikum.

Wer es etwas ruhiger mag, steigt ein paar Treppenstufen ins Säli hinauf, setzt sich an schön gedeckte Tische und lässt sich von Bildern der halbjährlich wechselnden Ausstellung genauso inspirieren wie vom feurigen Wein.

☞ ›Zusammenspiel von Rüebli Kerbelmousse mit Hüttenkäse, Kräutersalat und Birnenchutney‹, so lecker klingt eines der Gerichte aus europäischer Küche mit exotischem Einschlag. Die Lieblingsspeisen des Chefkochs.

BEA BERN EXPO /// MINGERSTRASSE 6 /// 3000 BERN 22 ///
(00 41) / 0 31 / 340 11 11 /// WWW.BERNEXPO.CH ///

BERN IST EINE MESSE WERT

Messestadt

20

Die wichtigsten Ausstellungen Berns finden auf dem Gelände der BEA bern expo statt. Zehntausende von Besuchern strömen jedes Jahr zur Ferienmesse, zur BEA, zur Weinmesse oder zu Spezialschauen, die dem Besucher ungewohnte Einblicke eröffnen. Wer einen Wohnwagen erwerben, ein Haus bauen oder renovieren will, oder aber wer eine Lehrstelle sucht, bei einer der vielen Messen ist er oder sie mit seinem Anliegen herzlich willkommen. Auch die Sammler von Münzen, Briefmarken, Mineralien oder Kunst finden, was ihr Herz begehrt.

Ich bekenne, ich bin ein Messegänger. Zum Glück gibt es für diese Krankheit eine Therapie. Dieses liebenswerte Übel wird in Bern saisonal geheilt durch die beiden Höhepunkte des Jahres: Die BEA im Frühjahr und die Weinmesse im Herbst. Natürlich gibt es diverse Veranstaltungen zwischen diesen beiden Glanzpunkten. Oft richten sie sich an Spezialisten eines bestimmten Gewerbes. Deswegen lassen sich darunter Rosinen picken.

Die BEA, ursprünglich eine Landwirtschaftsmesse, wird noch heute geprägt von diesem Zweig der Aussteller, der das Land der Stadt näherbringt. Natürlich gibt es, wie an allen ähnlichen Messen, Produkte aus der bäuerlichen Welt zu degustieren und zu kaufen, man kann die neusten Entwicklungen auf dem Sektor der Landwirtschaftsmaschinen bestaunen oder eine Kuhrasse, die man man zum ersten Mal zu Gesicht bekommt. Man kann durch die bunten Seiten des Bauernkalenders blättern und die glänzenden Augen der Jungbauern bewundern oder die ebenso leuchtenden Augen der Kinder, wenn sie vor Lamas und Alpakas stehen, die im Bernbiet neuerdings gezüchtet werden.

Der zweite Höhepunkt im Ausstellungskalender, die Weinmesse, findet üblicherweise im Oktober statt. Nun mag man einwenden, dass es inzwischen überall Degustationen gibt. Aber wo sonst findet man fachkundige Gespräche in geballter Form, von Händler zu Kunde, von Genießer zu Genießer? Denn es reicht, ein kritisches Wort einzuwerfen, und schon ist man in die erquicklichste Diskussion vertieft mit Menschen, die man zuvor noch nie gesehen hat.

Auf keinen Fall sollte man sich an der BEA die Winzer und Fischer vom Bielersee entgehen lassen.

Panasonic Panasonic
STADE DE SUISSE WANKDORF /// PAPIERMÜHLESTRASSE 71 ///
POSTFACH 61 /// 3000 BERN 22 /// (00 41) / 0 31 / 344 88 88 ///
WWW.STADEDESUISSE.CH ///

FUSSBALLGESCHICHTE UND SOLARENERGIE

Stade de Suisse 21

Stadion Wankdorf, ein schillernder Name in der Fußballgeschichte. Denn hier – im alten Stadion, das 1925 gebaut und 2001 abgerissen wurde – gewann Deutschland 1954 seinen ersten Weltmeistertitel: Das Wunder von Bern. Vom Wankdorf-Stadion sind gerade mal die große Uhr übrig geblieben, die auf dem Dorfplatz vor dem neuen Stade de Suisse steht, sowie einige Memorabilien im YB-Museum (geöffnet am Samstagnachmittag). Das neue Stadion glänzt mit technischen Details – auch wenn es den Namen ›Wankdorf‹ nicht wirklich ablegen konnte.

Für Nostalgiker ist es klar: Besonders schön geworden ist das Stade de Suisse nicht. Es ist eines der modernen ummantelten Fußballstadien, es ist kompakt gebaut und ermöglicht den engen Kontakt des Publikums zu den Spielern auf dem Platz. Aber charakteristisch bernisch ist es nicht, es könnte überall stehen. 2005 wurde das Stade de Suisse eingeweiht. Es dient hauptsächlich den Berner Young Boys als Spielstätte. Dafür sind seit dem Neubau die Zuschauerzahlen um fast das Dreifache auf etwa 22.000 pro Match gestiegen. Der Whirlpool in der YB-Garderobe bietet jedoch gerade mal acht Spielern Platz, da für größere Anlagen ein Bademeister Pflicht ist!

Auf dem gesamten Dach des Stadions betreiben die Bernischen Kraftwerke BKW das weltweit größte stadionintegrierte Sonnenkraftwerk. Die 9.000 Quadratmeter Solarpanels liefern Strom für den Jahresverbrauch von 400 Haushalten.

Neben den Fußballspielen finden auch einzelne Mega-Events im Stadion statt, zum Beispiel Rockkonzerte. Von Pink über Bruce Springsteen, Herbert Grönemeyer, Genesis, Coldplay und Muse haben viele Stars diese Bühne bespielt. Unter dem Stadion liegt ein Einkaufszentrum mit 36 Läden und einer Einkaufsfläche von 17.500 Quadratmetern, das leider keinen besonderen Charme aufweist. Zum gesamten Komplex gehören auch der Dorfplatz vor dem Haupteingang und das gegenüberliegende Schulgebäude.

Die Bernischen Kraftwerke BKW sind ein Partnerunternehmen der Gesellschaft, die die Solaranlagen auf dem Mont Soleil sowie die Windkraftwerke auf dem Mont Crosin betreibt (beide oberhalb Saint-Imier im Berner Jura).

ZENTRUM PAUL KLEE /// MONUMENT IM FRUCHTLAND 3 ///
3000 BERN 31 /// (00 41) / 0 31 / 359 01 01 /// WWW.ZPK.ORG ///

MONUMENT IM FRUCHTLAND 3

Zentrum Paul Klee

22

›Monument im Fruchtland 3‹ hat der international bekannte Künstler Paul Klee eines seiner über 10.000 Werke benannt. So heißt auch das Zentrum unter den drei markanten wellenförmigen Ausstellungshallen des international bekannten Stararchitekten Renzo Piano. Das Zentrum Paul Klee ist weit mehr als ein Museum – es ist ein Ort, an dem sich Menschen, unabhängig von Alter, sozialer und kultureller Herkunft, auf lustvolle und nachhaltige Weise mit Kunst auseinandersetzen und sich auch kulinarisch verwöhnen lassen.

Über 10.000 Werke hat Paul Klee geschaffen. Mehr als 4.000 Objekte und damit die weltweit bedeutendste monografische Kunstsammlung befinden sich im ›Monument im Fruchtland‹, wie die Postanschrift vom Zentrum Paul Klee (ZPK) im Schöngrün-Quartier am Stadtrand von Bern lautet. Und schön grün ist es hier wirklich. Ein prächtiger Park umgibt das Zentrum. Jährlich wechselnde Fruchtfolgen auf dem das Museum umgebende Landwirtschaftsgebiet, ein Skulpturenpark mit lauschigem Birkenwald, zwei idyllische Teiche mit großem Fischbestand, dazu die herrliche Sicht auf die Berner Alpen und den Hausberg von Bern, den Gurten. Das ZPK ist in der Tat mehr als nur ein Kunstmuseum. Ausgehend von der Tätigkeit Paul Klees als Maler, Musiker, Lehrer, Schriftsteller und Philosoph hat das ZPK den Auftrag, Leben und Werk des Künstlers entsprechend vielschichtig und umfassend darzustellen. Das von Renzo Piano erbaute und im Jahr 2005 eröffnete Gebäude mit den charakteristischen drei Wellen sucht europaweit seinesgleichen. Jährlich werden mehrere Wechselausstellungen gezeigt und namhafte kulturelle Anlässe in den Bereichen Musik, Literatur und Tanz durchgeführt. Spannende Führungen zu Werken von Paul Klee, aber auch zur Architektur von Renzo Piano finden regelmäßig statt. Das Kindermuseum Creaviva mit seinem vielfältigen Angebot für Kinder ab 4 Jahren ist eine weitere Attraktion und eröffnet bereits den Jüngsten den Zugang zur vielfältigen Welt Paul Klees und zur Kunst schlechthin.

☞ Nach dem Kunstgenuss folgt der kulinarische Genuss. Gemütlich im Café in der Museumstrasse oder gediegen im Restaurant Schöngrün beim Meisterkoch mit 17 Gault-Millau-Punkten.

HORNUSSEN ODER EISHOCKEY: DIE BERNER SIND SPITZE!

Sport

Wenn Sie schon immer wissen wollten, was Platzgen, Hornussen, Schwingen oder Jassen ist, sind Sie im Bernbiet richtig. Auch wenn Sie Gold waschen oder Top-Athleten vieler verschiedener Sportarten in Aktion sehen wollen, wird Ihnen in der Hauptstadtregion einiges geboten, sowohl im Sommer als auch im Winter.

Platzgen ist eine fast rein bernische Angelegenheit. Es ist ein brachialer Wurf- und Zielsport, der bereits im Mittelalter hauptsächlich auf dem Land ausgeübt worden ist. »Schön, gesund und kostengünstig«, behauptet der Platzgerverband. In 17 Metern Entfernung vom Werfer befindet sich eine hinten erhöhte, runde Lehmplattform mit einem Durchmesser von 140 Zentimeter. In der Mitte des Rieses steckt der Schwirren, ein eiserner Pflock. Die Platzgen, die Wurfkörper, bestehen meist aus gehärtetem Stahl, sind oft fünfzackig, damit sie gut in der Hand liegen, wiegen ein bis drei Kilo und müssen möglichst nah an den Schwirren geworfen werden. (Ausprobieren können Sie diese und weitere Sportarten bei einem Ausflug mit Emmental Tours: www.emmental-tours.ch)

Hornussen ist ein Mannschaftswettkampfsport mit nationaler Meisterschaft. Ein Team verteilt sich mit Schindeln bewaffnet im 200 Meter langen Ries (das Spielfeld beginnt 100 Meter vom Abschlagort und endet 300 Meter davon entfernt). Mit diesen Schindeln versucht man eine Hartgummischeibe vom Himmel zu holen, den sogenannten Nouss. Sie wird vom Schläger der gegnerischen Mannschaft mit bis zu 300 Kilometer je Stunde vom Bock – einer gewölbten Metallschiene – geschlagen. Zum Abschlagen dient der Stecken (biegsam, aus Karbonfaser oder Fiberglas, zwei bis drei Meter lang), an dem zuvorderst der Träf befestigt ist, ein runder, länglicher Holzpflock. So ein Hornussermatch zieht sich bei jedem Wetter oft über Stunden hin und wird von der Einnahme verschiedener Stärkungsmittel wie Bratwurst und Bier begleitet.

Es existieren weitere, für Auswärtige eher exotische Sportarten. Beim Schwingen stehen sich zwei kräftige Männer in kurzen Sackhosen in einem Sägemehlring gegenüber und versuchen einander auf den Rücken zu werfen. Beim alle drei Jahre stattfindenden Eidgenössischen

Schwing- und Älplerfest wurde 2013 mit Matthias Sempach erneut ein Berner als Schwingerkönig gekürt. Das Steinstoßen liegt in der Tradition des Unspunnenfests bei Interlaken begründet, das in unregelmäßigen Abständen durchgeführt wird (www.unspunnen-schwinget.ch).

Jassen gilt bei den meisten Schweizern nicht als Sport, sondern als Kartenspiel. Regelmäßig finden nationale Meisterschaften statt. Goldwaschen ist rund um den Napf beliebt; es wird meist im Rahmen von organisierten Ausflügen gepflegt, auf denen man unter kundiger Führung aus dem Geschiebe des Nagelfluhgesteins garantiert einige wenige Goldflitterchen aus dem klaren Wasser kalter Voralpenbäche wäscht.

Natürlich existieren in der Hauptstadtregion auch viele Einzel- und Mannschaftssportarten. Die Berner Young Boys spielen auf dem Kunstrasen des Stade de Suisse und hoffen nach großen Erfolgen in der Vergangenheit auf einen erneuten Gewinn des Meistertitels. Der FC Thun durfte sich als Vizemeister in der Saison 2005/06 sogar in der Champions League präsentieren. Die Eishockeymannschaft des SC Bern, die in der Postfinance Arena spielt, ist in der Saison 2012/13 zum 13. Mal Schweizer Meister geworden und spielt fast ausschließlich vor vollen Rängen mit dem europaweit höchsten Zuschauerdurchschnitt (circa 16.000 pro Spiel). Neben dem SCB kurvt mit dem EHC Biel ein weiteres Team in der höchsten Liga auf dem Eis und schürt die kantonsinterne Rivalität.

Im Handball wurde Wacker Thun in der Saison 2012/13 Schweizer Meister. Zeiler Köniz war im Frauen-Volleyball ebenfalls Schweizer Meister. Auch die Fußballfrauen von YB spielen an der Spitze mit. Wiler-Ersigen ist im Unihockey das Maß aller Dinge. Und sogar im Baseball feierten die Bern Cardinals gerade eben den Meistertitel. Den Einzelsportler locken im Sommer die vielen Bäder, der schwimmsichere Städter wird die angenehm kühlen Fluten der Aare bevorzugen. Bei den Wintersportarten steht das Skifahren im Vordergrund. Die Weltcuprennen von Adelboden (gilt als schwierigster Riesenslalom der Saison) und Wengen (die berühmte Lauberhornabfahrt, die längste Strecke der Welt) finden jeweils Anfang bis Mitte Januar statt. Aber auch Snowboarder, Skicrosser, Schlittler, Langläufer, Scheeschuh- und Winterwanderer finden überall gute Angebote.

CAFÉ BÄCKEREI BOHNENBLUST /// MOSERSTRASSE 50 /// 3014 BERN ///
(00 41) / 0 31 / 333 04 02 /// WWW.BAECKEREI-BOHNENBLUST.CH ///

TRADITION UND INNOVATION

Café Bohnenblust 23

Wo gibt es noch einen Bäckermeister, der eine Auswahl von über 20 Broten und eine große Vielfalt von Brötchen anbietet und alles selbst herstellt, keinen Teig und keine Fertigware zukauft? Bäcker Andreas Bohnenblust und seine Crew unter der Geschäftsleitung von Ruth Huber empfehlen sich: Alles frische Ware aus der geräumigen Backstube hinter dem Ladengeschäft, zur Straße hin mit einem Café erweitert. Hier finden gelegentlich kulturelle und kulinarische Anlässe statt.

Rund um den Breitenrainplatz gibt es kulinarisch alles, was das Herz begehrt: vom Italiener, Tessiner und Vietnamesen mit der großen Karte über den Schnellimbiss bis zum Restaurant des Großverteilers. Warum also ins Café Bohnenblust? Es gibt nur ein einziges Argument dafür, beim Bäcker einzukaufen, und dieses Argument heißt Qualität!

Das freundliche und zugleich quirlige Verkäuferinnenteam bedient täglich eine große Anzahl von Kunden, und das Ambiente ist sehr lebendig. Im Angebot des Cafés stehen zudem eine Auswahl an frisch gemachten Sandwiches und diversen Snacks, einige Kuchen (in Bern nennt man alles Kuchen, egal ob der Teig mit Früchten, Gemüse oder Käse belegt ist) oder ein Teller Suppe, aber natürlich auch alle Süßwaren, die eine Bäckerei üblicherweise zum Dessert oder als Begleiter des Kaffees anbietet.

Die beinahe magische Verwandlung einfacher Zutaten wie Mehl, Salz, Wasser und Hefe in ein komplexes Lebensmittel ist das Glück des Bäckers. Ein Teig ist wie die Urform eines Lebewesens, das sich unter kundigen Händen bildet und entwickelt. Es ist diese sinnliche Wahrnehmung, die den Meister vom Dilettanten und das geschmackvolle Handwerksprodukt vom Industrieerzeugnis unterscheiden.

Andreas Bohnenblust strahlt Zufriedenheit aus, wenn er den reifen Teig riecht, und weiß: Jetzt ist die Zeit zum Backen gekommen. Wenn die Masse lange gegärt hat, einem Sauerteig gleich, wird das Lieblingsbrot des Bäckers daraus: das käselaibgroße Steinhauer- oder das lang gezogene, gezwirbelte Chnebubrot mit einer kräftigen Kruste. Unbedingt probieren!

Die Bäckerei Bohnenblust ist ein Handlungsort in Paul Lascaux' ›Gnadenbrot‹, dem vierten Teil einer kulinarischen Krimireihe um die Detektive Heinrich Müller und Nicole Himmel, die im Breitenrain ihr Büro und ihre Wohnung haben.

ROPETECH GMBH /// THUNPLATZ 15 /// 3005 BERN ///
(00 41) / 0 31 / 351 09 11 /// WWW.ROPETECH.CH ///

NATURERLEBNIS FÜR MUTIGE – MITTEN IN DER STADT BERN

Seilpark Bern

24

Der Seilpark Bern befindet sich inmitten des natürlichen Baumbestandes des Berner Dählhölzliwaldes. Hängebrücken und Seilbahnen führen über rund 120 Plattformen durch den Wald. Mit ungefähr 3.000 Metern Aktivstrecke gehört der Seilpark Bern zu den größten der Schweiz. Jederzeit mit Karabinern gesichert, werden unterschiedlich anspruchsvolle Brücken überquert. Ein aufregendes Erlebnis versprechen auch die unzähligen Seilbahnen, die Sie, gesichert mit Seilrollen, befahren können. Auf- und Abstiege lassen den Adrenalinspiegel steigen!

Den Mutigen gehört die Welt! Klettern Sie auf dem Parcours, der Ihrem Alter und Ihrer sportlichen Fitness entspricht, in 4 bis 23 Metern Höhe durch den Wald. Sieben verschiedene Routen beinhalten für jeden Besucher Elemente, die seinen Vorlieben und Möglichkeiten entsprechen. Die Mischung aus besonderer Naturerfahrung, Nervenkitzel und Bewegung garantiert ein unvergessliches Erlebnis im Seilpark Bern. Die Kinderparcours (A, B und C) sind für Parkbesucher zwischen vier und neun Jahren geeignet.

Als Einstiegsrouten und für die jüngeren Parkbesucher eignen sich die Parcours 1 und 2, die sich in einer Höhe von vier bis sechs Metern befinden. Alle Brücken und Seilbahnen sind einfach zu begehen. Schon etwas anspruchsvoller wird's auf den Parcours 3 und 4. Mit dem Pendelsprung und anderen atemraubenden Elementen bietet der Parcours 4 besondere Herausforderungen. Noch nicht genug? Noch mutiger? Nun, wagen Sie sich auf die über 100 Meter lange Seilbahn? Die auf bis zu 19 Metern Höhe angelegten Plattformen auf den Parcours 5 und 6 garantieren einen einzigartigen Einblick in den Wald. Eine Besonderheit stellt die 23 Meter hohe Plattform – mit Aussicht aufs Bundeshaus – dar. Das Dessert wartet auf Parcours 7. Er ist die körperlich anspruchsvollste Route und nur für Besucher geeignet, die die sportliche Herausforderung suchen.

Orientieren Sie sich vorgängig auf der Homepage und absolvieren Sie den Onlinetest, das verkürzt das Anmeldeverfahren und die Vorbereitungszeit vor Ort. Planen Sie drei bis vier Stunden für den Parkbesuch ein. Freitags Nachtparcours bis 22 Uhr. Reservation: www.ropetech.ch

HISTORISCHES MUSEUM BERN /// HELVETIAPLATZ 5 /// 3005 BERN ///
(00 41) / 0 31 / 350 77 11 /// WWW.BHM.CH ///
ÖFFNUNGSZEITEN: DIENSTAG – SONNTAG 10 – 17 UHR ///

GESCHICHTE ERLEBEN UND KULTUREN ENTDECKEN

Historisches Museum Bern

25

Die hochkarätige Sammlung im Museumsschloss vis-à-vis der Berner Altstadt führt Sie von der Steinzeit bis ins 20. Jahrhundert. Zu sehen sind unter anderem herausragende archäologische Fundstücke vom Paläolithikum bis zu den Römern, eindrückliche Zeugnisse der Berner Vergangenheit, alte Münzen von weltweiter Bedeutung sowie eine Auswahl der schönsten Stücke aus der umfangreichen ethnografischen Sammlung. Im integrierten Einstein-Museum wird dessen Leben und Werk in packender Weise in den Kontext der Weltgeschichte seiner Zeit gestellt.

Der imposante Eingangsbereich lässt erahnen, dass sich in den ehrwürdigen Gemäuern unzählige Schätze verbergen. Faszinierende Objekte aus Asien und Ozeanien, Weltbilder von Hinduismus, Buddhismus und Ahnenkult oder Erzeugnisse nordamerikanischer Indianer lassen den Alltag und die Kultus fremder Völker lebendig werden. Sie wandeln auf den Spuren der steinzeitlichen Völker, der Römer sowie der Kelten und können die einzigartige Hydria von Grächwil bestaunen. In den Tiefen des Gebäudes wird der Wandel vom Frühmittelalter bis zum Ancien Régime aufgezeigt, wobei mit dem Berner Skulpturenfund sowie dem Berner Silberschatz Exponate von europäischem Rang hervorstechen.

Im ersten Stock werden die weltberühmten flämischen Tapisserien, die Beutestücke aus den Burgunderkriegen (1476/77), darunter der bekannte Tausendblumenteppich, sowie weitere spätmittelalterliche Ausstellungsstücke von globalem Rang, wie etwa das Königsfelder Diptychon, präsentiert. Sie finden auch das weltweit erste Einstein-Museum. Aufwendig inszenierte originale Schrift- und Filmdokumente bezeugen den Lebensweg des Genies und illustrieren zugleich die Geschichte seiner Zeit. Nebst dem altehrwürdigen Hauptgebäude vermag auch der 2010 erstellte Anbau namens Kubus zu begeistern. Er fügt sich architektonisch perfekt in den Schlosspark ein, wirkt aber dank moderner Formen und Materialien als spannender Gegensatz zum Museum aus dem späten 19. Jahrhundert.

Jeden Sonntag um 11 Uhr werden kostenlose Führungen durch die Dauerausstellungen angeboten. Die perfekte Gelegenheit, um vom kompetenten Fachpersonal in die Geheimnisse der Exponate eingeweiht zu werden.

WWW.MUSEEN-BERN.CH /// WWW.MUSEUMSNACHT-BERN.CH ///

VIEL KULTUR AUF ENGEM RAUM

Museumsviertel im Kirchenfeld

26

Im Museumsviertel zwischen Helvetiaplatz und Kirchenfeldstrasse reihen sich einige wichtige Ausstellungsräumlichkeiten: Kunsthalle (für moderne Kunst), Historisches Museum, Alpines Museum, Schützenmuseum, Naturhistorisches Museum, Museum für Kommunikation, aber auch die Schweizerische Nationalbibliothek mit dem Schweizerischen Literaturarchiv sowie das Bundesarchiv. Viel Kultur und Wissen auf engem Raum!

›Animismus‹ bezeichnet die Vorstellung, Objekte und nichtmenschliche Wesen führten ein Eigenleben und hätten bestimmte Eigenschaften. Es war aber auch der Titel einer der ungezählten Ausstellungen, welche die Museen im Kirchenfeld in den letzten Jahren zu bieten hatten.

Leider habe ich nicht miterlebt, wie Christo 1968 zum 50-Jahr-Jubiläum der Kunsthalle Bern (www.kunsthalle-bern.ch) dieses Gebäude vollständig verhüllt hatte. Natürlich ergab dies einen Kunstskandal, denn es war das erste ganze Gebäude, das von Christo eingepackt worden war. Damals hatte Harald Szeemann die künstlerische Leitung der Kunsthalle inne. Er gestaltete 1975 die epochale Ausstellung ›Junggesellenmaschinen‹. Seither besuche ich regelmäßig diesen Kunsttempel und lasse mich inspirieren, verärgern, langweilen und begeistern von internationaler und lokaler Moderne.

Weiter hinten im Quartier finden wir das Museum für Kommunikation (früher Postmuseum, gegründet 1907; www.mfk.ch) mit seiner grandiosen Briefmarkensammlung, der familiengerechten Dauerausstellung und den jährlich wechselnden Sonderschauen.

Das Naturhistorischen Museum (www.nmbe.unibe.ch) gleich um die Ecke setzt mit ›C'est la vie‹ für die nächsten Jahre einen Schwerpunkt und führt uns darin alle Aspekte des Lebens vor. Darüber hinaus ist dort der größte je gefundene Bergkristall ausgestellt.

Im Alpinen Museum (www.alpinesmuseum.ch) erwarten uns Objekte wie der ›Teufel von Bessans‹ aus den Savoyer Alpen aus der Sammlung Eugenie Goldstern. So schließt sich der Kreis zum Animismus.

Den Schweizerischen Museumspass, der in all den erwähnten Museen gültig ist (eventuell Zuschlag bei aufwendigen Sonderausstellungen), gibt es als Einzelkarte oder als Familienpass (www.museumspass.ch).

SCHWEIZERISCHES ALPINES MUSEUM /// HELVETIAPLATZ 4 ///
3005 BERN /// (00 41) / 0 31 / 350 04 40 ///
WWW.ALPINESMUSEUM.CH ///

BERGE VERSETZEN

Alpines Museum der Schweiz (alps)

27

In Bern liegen Ihnen die Viertausender zu Füßen. Wenn Sie bei schönem Wetter über die Kirchenfeldbrücke spazieren, blicken Sie auf das schlossähnliche Gebäude des historischen Museums und am Horizont leuchten Eiger, Mönch und Jungfrau mit ewigem Schnee. Doch halt! Wir wenden uns nach rechts, wo ganz zurückhaltend und schlicht im Stil des Neuen Bauens der 30er-Jahre das Schweizerische Alpine Museum dem Besucher seine Pforten öffnet.

Was gibt es in einem Alpinen Museum zu sehen? Brocken des Matterhorns oder vom Eiger können ja kaum das höchste der Gefühle sein! Stimmt, denn dafür müssen Sie schon selbst nach Zermatt oder ins Berner Oberland fahren! Doch damit hört die Auseinandersetzung mit dem Berg nicht auf. Nein, hier beginnt die Faszination Museum mit Themen und Fragen, die sich auf verschiedenen Ebenen um die Bergwelt und den Alpenraum drehen.

Das Alpine Museum präsentiert unkonventionelle Ausstellungen zu aktuellen Bergthemen aus der ganzen Welt. Sommerfrische und Klimawandel, Bergbauern und Gletscherschwund, Tourismus und Zweitwohnungsbau. Die Alpen und die Bergwelt sind Thema in Kunst und Literatur, in Gesellschaft, Wirtschaft und Politik. Hier steht ein Museum als interaktive Plattform, das Fragen aufwirft und sie diskutiert. Mit dazu gehören das experimentelle Biwak, der Museumsshop und die alpine Küche des hauseigenen Restaurants ›las alps‹.

Das Alpine Museum steht heute mitten in der Gegenwart und seine Themen sind nahe bei den Besuchern: Identität, Mobilität, Tourismus, Tradition und Innovation, Kultur und Natur. Das Alpine Museum zeigt auf, befragt, widerspricht, berührt, irritiert und provoziert. Es sucht die Tiefe außerhalb der Tagesaktualität und macht auch langsame Veränderungen sichtbar, argumentiert aus Zusammenhängen und lenkt den Blick nach vorn.

Der Klimawandel mit all seinen Auswirkungen bewegt die Gemüter; überdeutlich wird dies am rapiden Rückgang der Gletscher. Was bedeuten uns die Berge? Gehen wir richtig mit ihnen um? Was heißt es, in den Bergen zu leben? Lernen Sie im Alpinen Museum mehr darüber.

LITERARISCHE TRADITION VOM MITTELALTER BIS HEUTE

Literatur

Auf wenigen Seiten einen Überblick über die Berner Literatur zu geben, ist ein beinahe unmögliches, auf jeden Fall aber ungerechtes Unterfangen, weil man manche verdienten Autorinnen und Autoren beiseitelassen muss. Für die geneigten Leser scheint es jedoch wichtiger, auf Texte hinzuweisen, die erstens einen Bezug zur bereisten Gegend haben, womöglich in ihr spielen, und zweitens ohne größere Anstrengungen zugänglich sind. Die Region Bern ist durch Buchhandlungen reichlich abgedeckt, die alle ein ausgewähltes Sortiment Bernensia anbieten.

In Bern sind neben den Kornhausbibliotheken, die dem allgemeinen Publikumsverkehr dienen, zwei landesweit bedeutsame Institutionen ansässig. Zum einen die Schweizerische Nationalbibliothek, deren Auftrag es ist, alles zu sammeln, was von Schweizern, in der Schweiz und über die Schweiz publiziert worden ist. Angegliedert ist das Schweizerische Literaturarchiv mit wichtigen Nachlässen, zum Beispiel von Friedrich Glauser, Friedrich Dürrenmatt (auf dessen Initiative hin es gegründet worden ist) oder Patricia Highsmith. Zum andern finden wir die Stadt- und Universitätsbibliothek und die im gleichen Gebäude beheimatete Burgerbibliothek. Sie sammelt im Rahmen ihrer Bernensia-Abteilung die Werke von Berner Autorinnen und Autoren vollständig. Dazu kommen die Bongarsiana-Sammlung des Jacques Bongars (1554–1612), die rund 500 größtenteils mittelalterliche Handschriften umfasst sowie eine der bedeutendsten Kartensammlungen weltweit, die des Johann Friedrich von Ryhiner (1782–1803) mit etwa 15.000 Karten aus aller Welt (beide Sammlungen sind nur im Rahmen von Führungen zu besichtigen).

Einen ersten Schritt in die europäische Literatur machte Thüring von Ringoltingen (um 1415–1483) mit seiner ›Melusine‹, einer Adaptation des französischen Versromans von Couldrette, der ersten deutschen Fassung der alten Sage von der Wasserfee, die einen Ritter heiratet, der sich schuldig macht und sie wieder an die Elemente verliert. Auch der Maler Niklaus Manuel Deutsch (etwa 1484–1530) war literarisch hauptsächlich im Bereich des reformatorischen Schauspiels tätig. Vor allem aber prägt Bern im ausgehenden Mittelalter eine bedeutende Chronistik, wohl im Wunsch nach geschichtlicher Größe in

Auftrag gegebenen Werken wie der Chronik des Conrad Justinger (um 1430), der ersten Stadtgeschichte im Auftrag des Berner Rates sowie der darauf aufbauenden und um die Burgunderkriege erweiterten Berner Chronik des Diebold Schilling (1483), in der Tradition der Schweizer Bilderchroniken reich illustriert. Fortgeführt wurden diese beiden Chroniken von Valerius Anshelm (1540).

Als nächsten in einer Reihe von wichtigen Autoren nennen wir Albrecht von Haller (1708–1777), ein Universalgelehrter, ein begnadeter Sammler, Bibliograf und Briefschreiber (man spricht von etwa 17.000 Briefen, die in der Burgerbibliothek aufbewahrt werden), in der literarischen Welt vor allem bekannt durch sein Monumentalgedicht ›Die Alpen‹ (1729), ein ›Reisebericht‹ in Versform im Übergang zwischen Barock und Aufklärung, der den Menschen die überwältigende Natur der Berge näherbringen soll und in diesem Sinne durchaus am Anfang der touristischen Entdeckung der Alpen steht.

Ein Jahrhundert später finden wir den Großmeister der Berner Literatur, von dem sich viele haben beeinflussen lassen: Jeremias Gotthelf (eigentlich Albert Bitzius, 1797–1854). Aus seinem Wirken als Landpfarrer in Lützelflüh heraus beschreibt er in einem unnachahmlichen Realismus mit religiösen Brandreden insbesondere das Leben der Bauern im Emmental in vielen Romanen (›Die Käserei in der Vehfreude‹ beispielsweise dokumentiert den Aufschwung der Käsewirtschaft) und Erzählungen (›Die schwarze Spinne‹ als Sinnbild für den Kampf von Gut gegen Böse). Seine wortmächtige Sprache ist durchsetzt von berndeutschen Ausdrücken, und aus der Verurteilung von verabscheuungswürdigen Verhaltensweisen lässt sich als Umkehrschluss durchaus ein Bild der Alltagsgewohnheiten der Bevölkerung zeichnen.

Aus diesem Urknall entwickelte sich eine reichhaltige berndeutsche Literatur, die von Rudolf von Tavel und Simon Gfeller über Carl Albert Loosli oder Mani Matter bis in heutige Zeiten reicht und auch jüngere Autoren beeinflusst wie beispielsweise Guy Krneta oder Pedro Lenz und die Spoken-Word-Bewegung mit ihrem Aushängeschild ›Bern ist überall‹. Nicht-Dialekt-Gewohnten sei das Anhören einer Sprachaufnahme oder der Besuch einer Lesung empfohlen.

Eine weitere Traditionslinie besteht im Kriminalroman. Auch hier geht man nicht fehl, wenn man den Ausgangspunkt bei Gotthelf sucht, denn der erste wichtige Text in diesem Genre stammt von C. A. Loosli mit den ›Schattmattbauern‹, der noch fest im ländlichen Gebiet verankert ist. In den 30er-Jahren brilliert im Gefolge von Georges Simenon der immer noch gern gelesene und immer wieder neu verfilmte Friedrich Glauser (1896–1938) mit seinen Romanen um Wachtmeister Studer, in denen das ›Atmosphärische‹ vor der eigentlichen Handlung steht und die deswegen einen ebenso genauen Einblick in das zeitgenössische Leben erlauben wie die Romane Gotthelfs. Außerdem generiert Wachtmeister Studer eine Vorbildfigur für viele schweizerische Kommissare, nicht nur im Bernbiet. In Glausers Nachfolge steht Friedrich Dürrenmatt (1921–1990) mit seinen Kriminalromanen um Kommissär Bärlach. ›Der Richter und sein Henker‹ und ›Der Verdacht‹ sind weltweit bekannt, ›Das Versprechen‹ insbesondere durch seine Verfilmungen. Auch hier oszillieren die Handlungsorte zwischen ländlichem Gebiet und dem eher städtischen Bern, eine Tendenz, die immer wieder zum Tragen kommt. In neuerer Zeit haben einige Autorinnen und Autoren das Genre weitergeführt, kontinuierlich auf diesem Gebiet haben gearbeitet: Alexander Heimann, Sam Jaun oder Paul Lascaux. Alle ihre Romane geben einen Einblick in Mensch und Landschaft des Bernbiets und sind nach wie vor im Buchhandel erhältlich.

Schließen wir diese Übersicht mit einzelnen Autoren, die keiner eigentlichen Strömung zugeordnet werden können. Erinnern wir zuerst an Hermann Hesse, der von 1912 bis 1919 in Bern wohnte (in einer Campagne am Melchenbühlweg, in der auch zwei Romane von Rudolf von Tavel spielen), wo er neben einigen kleineren Werken den ›Demian‹ verfasste. Als Zeitgenosse arbeitete der Bieler Schriftsteller Robert Walser (1878–1956) einige Jahre in Bern. Er hinterlässt ein umfangreiches, nicht immer leicht zugängliches Werk, das heute von der Robert-Walser-Gesellschaft in eigens ausgestatteten Räumen an der Marktgasse 45 betreut wird. Gustav Renker schrieb in Bern und in Langnau Mitte des 20. Jahrhunderts am langen Roman über die Bergwelt weiter und feierte mit seinen Büchern Erfolge. Auf Friedrich Dürrenmatt haben wir weiter oben bereits hingewiesen. Der bedeutendste Schweizer Autor des 20. Jahrhunderts stammt aus Konolfingen und hat lange Jahre in Neuchâtel verbracht. An sein ehemaliges Wohnhaus baute Mario Botta das Centre Dürrenmatt, in dem das Wirken des Schriftstellers fassbar wird.

Klaus Schädelin hat 1955 mit ›Mein Name ist Eugen‹ eine zeitlose Darstellung des Lausbuben, E. Y. Meyer mit ›In Trubschachen‹ ein akribisches Porträt des Emmentals geschaffen, Beat Sterchi hat mit ›Blösch‹ eine Hymne auf die Landwirtschaft, aber auch auf die Schlachthöfe verfasst. Peter Bichsel, Gerhard Meier, Verena Wyss und Ernst Burren (Dialekt) repräsentieren die solothurnische Literatur. Lukas Hartmann beschäftigt sich vorwiegend mit historischen Stoffen, Kurt Marti mit philosophisch-theologischen Themen. Sergius Golowin hat jahrzehntelang alles über Mythologie, Märchen und Volkskultur gesammelt, Fredi Lerch wirkt als unermüdlicher Chronist der Berner Szene seit den 50er-Jahren. Paul Nizon ist der in Paris ansässige ›ewige Emigrant‹, Ibrahim al-Koni aus Libyen und Jurij Galperin aus Russland sowie Francesco Micieli und Franco Supino aus Italien repräsentieren die Migranten, in deren Romanen sich die Sehsucht nach der Heimat spiegelt. Timmermahn zählt zu den alten Wilden, junge ›Ex-Zentriker‹ sind Christoph Simon, Raphael Urweider, Lukas Bärfuss, Marianne Freidig oder Jürg Halter (auch bekannt als Rapper Kutti MC). Am Schweizerischen Literaturinstitut in Biel, an dem wiederum einige der oben Aufgeführten als Dozenten arbeiten, werden die akademisch gebildeten neuen Literaten geboren.

- Schweizerische Nationalbibliothek Online-Katalog Helveticat und Schweizerisches Literaturarchiv: www.nb.admin.ch
- Stadt- und Universitätsbibliothek: www.ub.unibe.ch
- Burgerbibliothek Bern: www.burgerbib.ch
- Chroniken, Sammlung Ryhiner: www.digibern.ch
- Kornhausbibliotheken: www.kornhausbibliotheken.ch
- Schweizerisches Literaturinstitut Biel:
  www.hkb.bfh.ch/literaturinstitut.html
- Centre Dürrenmatt Neuchâtel: www.cdn.ch
- Robert Walser Zentrum: www.robertwalser.ch
- Bern ist überall: www.beatsterchi.ch (Spoken Word)
- Krimi in der Schweiz: www.literatur.li

Die meisten jüngeren Autorinnen und Autoren verfügen über eine eigene Homepage, die sich über eine Suchmaschine leicht finden lässt.

ARCHÄOLOGISCHER DIENST DES KANTONS BERN ///
BRÜNNENSTRASSE 66 /// 3001 BERN /// (00 41) / 031 / 633 98 22 ///
WWW.ERZ.BE.CH/ERZ/DE/INDEX/KULTUR/ARCHAEOLOGIE/
FUNDSTELLEN.HTML ///

UNTER HELVETIERN UND RÖMERN

Engehalbinsel

28

Auf der Engehalbinsel im Norden von Bern siedelten die Helvetier (ein Stamm der Kelten) vom 3. bis zum 1. Jahrhundert v. Chr. in ihrem Oppidum, also in einer befestigten Siedlung. Von den ausgedehnten Wällen sieht man nur noch kleine Erhebungen im Gelände. Später wurde die verkleinerte Ortschaft von den Galloromern genutzt, die unter anderem einen theaterähnlichen Rundbau und ein Badehaus errichteten. Ein neu gestalteter, vier Kilometer langer archäologischer Rundgang mit aufschlussreichen Schautafeln gibt Auskunft.

Erst einmal muss man feststellen, dass auf der Engehalbinsel im sogenannten Reichenbachwald wenig zu sehen ist. Das heißt, man folgt einer schnurgeraden Straße waldabwärts, die sich am Schluss in einigen engen Kehren an die Aare hinunter zur Reichenbachfähre hin windet.

Nun ist die Vorstellungskraft gefragt. Seit wir am Rossfeld vorbeigewandert sind, befinden wir uns auf archäologischem Gelände. Beim Kirchgemeindehaus, das eine Ausstellung beherbergt, bemerkt man die kleine römische Arena. Dann taucht man in den Wald ein, bis man nach einigen hundert Metern linkerhand die Reste eines Badehauses findet, genau so konserviert, wie es in den 30er-Jahren – in der Weltwirtschaftskrise als Arbeitslosenprojekt – wiederhergestellt worden ist. Die weiteren, früher vorhandenen Steingebäude sind wahrscheinlich im Mittelalter abgetragen und beim Bau der Berner Altstadt wiederverwertet worden.

Viel Fantasie ist in die Geschichte rund um die Engehalbinsel geflossen. Von esoterischen Kraftorten bis zur Neuinterpretation der Berner Geschichte ist alles Mögliche vorgeschlagen worden. Der geneigte Wanderer kann dem problemlos seine eigene Interpretation hinzufügen, denn die ist nun gefragt, wenn wir nach den Spuren der keltischen Schutzwälle suchen, die nur noch in einzelnen Erdaufschichtungen erkennbar sind. Wir beenden unseren Waldspaziergang, indem wir bei Reichenbach oder im Zehendermätteli mit einem Fährboot über den Fluss setzen.

Vor allem im Sommer laden die Restaurants in Reichenbach und im Zehendermätteli mit Gartenwirtschaften zum Verweilen ein. Das letztere serviert Spezialitäten aus der eigenen Gärtnerei. Öffnungszeiten beachten: www.zehendermaetteli.ch

GLOBUS
MODA
WESTSIDE /// NEUE BRÜNNEN AG /// RIEDBACHSTRASSE 100 ///
3027 BERN /// (00 41) / 0 31 / 556 91 11 /// WWW.WESTSIDE.CH ///

EINKAUFSARCHITEKTUR

Westside

29

Ist das Westside nun ein Einkaufszentrum, ein Architekturdenkmal, ein Erlebnisbad oder eine Kinolandschaft? Die Antwort ist einfach: Es vereint alle vier Elemente in sich. Dazu beherbergt es ein Hotel und ist das Herz des neuen Stadtteils Brünnen im Westen von Bern, ein Einfallstor in die Stadt, das teilweise auf einem Dach über der Autobahn steht. Der Architekt Daniel Libeskind formuliert es so: »Es ist ein bewusst gestalteter Kontrapunkt und eine hervorragende Ergänzung zur wunderschönen Berner Altstadt.«

Vom Bahnhof Bern aus ist das Einkaufszentrum Westside per S-Bahn in wenigen Minuten erreichbar, mit der neuen Tramverbindung Nr. 8 dauert es etwas länger, dafür sieht man im Vorbeifahren die Außen- und Neubauquartiere der Stadt – ein Kontrast zur beschaulichen historischen Altstadt. Am meisten beeindruckt das Gebäude des Architekten Daniel Libeskind jedoch, wenn man auf der Autobahn von Neuchâtel nach Bern fährt: Eine mächtige, von Fensterfronten durchbrochene Holzfassade, bereits leicht ins Graue nachgedunkelt, steht wie ein massiver Block vor dem geradezu winzig wirkenden Tunnel, der das Eingangstor in die Stadt bildet.

Im Innern setzt sich das Erlebnis fort. Als Kontrapunkt zur langweiligen Häuschenbauerei bewegt man sich durch einen lichtdurchfluteten Komplex, in dem diagonale Linien die Konstruktionselemente bilden, entweder in den oben durch Lichtschächte aufgebrochenen Stützelementen oder durch die Rolltreppen. Noch weiter könnte man nur in einer organischen Gestaltung mit nicht-geometrischen Formen gehen, aber das würde den Zielen eines Einkaufszentrums dann doch widerstreben.

So aber geht eins ins andere: Ungewohnte Formen bestimmen die Funktion, die Läden mit großzügigen Grundrissen sind eingepasst in eine Vorstellungswelt und hoffen wiederum davon zu profitieren. Die Cinémas Pathé Westside mit ihren 2.400 Plätzen in 11 Kinosälen glänzen neben dem gängigen Programm mit Live-Übertragungen aus der Metropolitan Opera New York, für die man rechtzeitig Karten beziehen muss.

Wer vom Einkaufserlebnis etwas ermüdet ist, kann sich in der näheren Umgebung (Gäbelbach, Forst) auf einem ausgedehnten Spaziergang erholen (Buchtipp: Sabine und Fredy Joss: Genuss-Wandern Region Bern).

DIE HAUPTSTADTREGION

GURTEN – PARK IM GRÜNEN /// 3084 WABERN-BERN ///
(00 41) / 0 31 / 970 33 33 /// WWW.GURTENPARK.CH ///

HAUSBERG MIT MUSIK

Gurten

30

Der Gurten im Süden von Bern liegt mit 864 Metern Höhe zwar nur etwa 300 Meter über der Stadt, dennoch ist er ein beliebter Aussichtspunkt, weil er einfach zu erreichen ist. Bekannt ist der Hügel für das jeweils Mitte Juli stattfindende Gurten-Festival, seit bald 40 Jahren eine feste Größe im schweizerischen Open-Air-Kalender (www.gurtenfestival.ch).

Der Gurten – im heimischen Dialekt ›Güsche‹ genannt – ist der Hausberg von Bern. Man kann also nichts falsch machen, wenn man einen Besuch empfiehlt. Wie bei vielen Aussichtspunkten gibt es auch hier verschiedene Wege, die auf den Gipfel führen.

Am einfachsten macht man es sich, wenn man mit dem Tram 9 Richtung Wabern fährt und an der Haltestelle Gurtenbahn umsteigt in die Standseilbahn, die 1899 erbaut und 100 Jahre später mit Panoramawagen ausgestattet worden ist. Sie bewältigt eine Strecke von 1.059 Metern und eine Höhendifferenz von 267 Metern in fünf Minuten.

Wer Zeit hat und unterwegs etwas sehen möchte, nimmt einen der vielen Wanderwege unter die Füße (www.wanderprofi.ch), entweder von der Talstation, von Kehrsatz oder vom Spiegel aus. Oben erwartet Sie eine große Spielwiese mit kinderfreundlichen Einrichtungen sowie ein umfangreiches gastronomisches Angebot im Restaurant Gurten Kulm mit Ausblick auf die Stadt Bern, den Jura und die Alpen. Gediegene Menus können im Restaurant Bel Etage genossen werden. Das Selbstwahlrestaurant Tapis Rouge präsentiert eine breite Auswahl an günstigen Speisen. Das Konzertlokal Uptown bietet darüber hinaus jede Menge Veranstaltungen für Groß und Klein.

Als Mensch, für den nicht das laute Angebot im Vordergrund steht, sollte man den Gurten nicht links liegen lassen. Wer lange sucht oder am richtigen Ort nachschaut (Pier Hänni: Magisches Bernbiet) findet auf dem Gurten Spuren, die in die Jahrtausende zurückreichen, angefangen vom Fuchsenstein, einem der größten Findlinge im Kanton Bern, über die Ruine der Ägertenburg bis zum Schalen- oder Zwerglistein oberhalb Bächtelen, ein Zeuge von Ritualen der Steinzeit.

☞ Auf dem 22,5 Meter hohen Aussichtsturm genießt man eine wunderbare Rundsicht vom Jura bis in die Alpen. Die Holz-Stahl-Konstruktion schwingt leicht hin und her, um dem Wind möglichst wenig Widerstand zu bieten.

VORALPENBLUES UND BÄRNDÜTSCHI LIEDER

Musik

Wenn von Musik die Rede ist, akzentuiert sich der Gegensatz zwischen ernsthaft und unterhaltend eher noch stärker als in der Literatur. Umso schwieriger ist es, eine Geschichte über die Jahrhunderte hinweg zu schreiben, denn die Trennlinie ist nicht immer fassbar. François de Capitani präsentiert mit ›Musik in Bern‹ (1993) einen historischen Überblick, Sam Mumenthaler hat in ›50 Jahre Berner Rock‹ (2009) eine Chronologie der neuesten Zeit in Porträts geschrieben.

Seit der Gründung der Stadt Bern wird es den Gegensatz zwischen ernsthafter und unterhaltender Musik gegeben haben. Erstere drückt sich in der Kirchenmusik, später in der Klassik aus, die insofern eher fassbar ist, als sie oft in Notenschrift erhalten geblieben ist. Wenig weiß man hingegen von der Straßenmusik, häufig von fahrenden Spielleuten vorgetragen, die zur untersten sozialen Schicht gehörten, wie an der Figur des Dudelsackspielers auf dem Pfeiferbrunnen von 1545 (in der Spitalgasse) unschwer zu erkennen ist.

Fasnachtsspiele und das Theater der Reformation boten jedoch schon in früher Zeit eine Plattform für Spott und Hohn gegen die Mächtigen der Stadt. Dies mündete in wiederholten Tanzverboten und Gerichtsbeschlüssen, wie Karl Viktor von Bonstetten feststellt: ›Die fremden Geiger wurden vertrieben; die Nationalmusick ist, wie das Hirtenleben, sanft und eintönig.‹

Erst Ende des 18. Jahrhunderts wurden die Verbote gelockert, ja man baute sogar ein Hôtel de Musique, eine Vorform des heutigen Konzertsaals im Casino und der Opernbühne im Stadttheater. Damit ging die Verherrlichung einheimischen Liedguts einher, die sich vor allem im neu erwachten Interesse an der ländlichen Volkskultur manifestierte, im Gefolge von Albrecht von Hallers Monumentalgedicht ›Die Alpen‹: ›Ein junger Schäfer stimmt indessen seine Leier / Dazu er ganz entzückt ein neues Liedchen singt.‹

Heute ist Musik allgegenwärtig, und es mangelt auch in Bern nicht an Möglichkeiten, in beinahe jeder Stilrichtung Konzerte zu erleben, vom klassischen Orchester- bis zum Stadion-Rockkonzert, vom kirchlichen Orgelspiel bis zur Underground-Party. Für die weitere Darstellung konzentrieren wir uns auf das letzte halbe Jahrhundert.

Im Bereich der klassischen Musik gibt es im Gefolge des aus Ungarn emigrierten Sàndor Veress mit Heinz Holliger und Jürg Wyttenbach zwei bedeutende, allerdings nicht mehr in Bern tätige Komponisten. Urs Peter Schneider hingegen beglückt mit seinem Ensemble Neue Horizonte die Welt mit Avantgarde. Vor allem die Camerata Bern genießt als Orchester Weltruf und ist mit vielen CD-Einspielungen auf dem Markt vertreten.

Volksmusik und Schlager haben oft eine Ausstrahlung über die Landesgrenzen hinweg. In dieser Sparte haben Berner Beständiges zutage gebracht. Ausgangspunkt war Hazy Osterwald mit dem immer noch gern gespielten ›Kriminal-Tango‹ (1959). Über Peter, Sue und Marc und die heutigen Interpreten wie Francine Jordi oder Oesch's die Dritten spannt sich ein weiter Bogen bis zur Jodlerin Christine Lauterburg, die keinerlei Berührungsängste mit anderen Musikstilen kennt.

Irgendwann sind zwischen dieser Populärmusik und dem Pop die Liedermacher beliebt geworden, deren berühmteste Ausprägung die Berner Troubadours ausmachten, allen voran Mani Matter, dessen oft melancholisch-wortwitzige Chansons heute Allgemeingut geworden sind. Die andern Troubadours sind Markus Traber, Fritz Widmer, Ruedi Krebs, Jacob Stickelberger und Bernhard Stirnemann. Sie waren Wegbereiter einer Mundart-Musikwelle, die Bern während Jahrzehnten prägte und selbst heute noch viele Rocker und Rapper (zum Beispiel Kutti MC) im Dialekt vortragen lässt.

Begründer dieser Tradition ist Polo Hofer, der seit den späten 60ern mit verschiedenen Formationen auftrat, am bekanntesten sind Rumpelstilz. In seinem Gefolge stehen so unterschiedliche Bands wie Züri West, Patent Ochsner, Span, Gölä, oder der Voralpenblues von Stiller Has. Leider erschließen sich die Songs Menschen mit nichtberndeutscher Zunge nur schwer.

Leichter fällt es da mit der Weltmusik der Harfenistin Asita Hamidi oder den sanftmütigen Sängerinnen Jamie Wong-Li oder Jaël mit ihrer Band Lunik. Aber auch der Blueser Philipp Fankhauser oder die weltbekannten Krokus aus Solothurn finden ihr begeistertes Publikum.

Eine weitere Spur führt uns in den musikalischen Untergrund, der selbst in Bern in den Jahren des Punks ab 1977 explodierte und wo so unterschiedliche Bands wie Glueams, Sozz und Grauzone (mit dem Welthit ›Eisbär‹, 1980) ihren Ursprung haben. Zwei Bandmitglieder von Grauzone haben sich weiterentwickelt: einerseits Stephan Eicher mit seinem Chanson-Pop, andererseits Marco Repetto alias Bigeneric mit House-Techno. Und letztlich lebt im selben Geist der Rock 'n' Roll der 50er-Jahre und der Trash der Neuzeit in Reverend Beat-Man als Einmannband und als Produzent seines Labels Voodoo Rhythm Records.

Auch im Jazz sind verschiedene Veranstalter seit Jahrzehnten präsent. 1967 wurde mit der Swiss Jazz School die erste derartige Einrichtung der Schweiz eröffnet, heute ein Teil der Hochschule für Musik und Theater. Und seit über 35 Jahren präsentiert das Jazzfestival Bern ungefähr von Mitte April bis Mitte Mai zahlreiche internationale Spitzenmusiker.

Für aktuelle Veranstaltungen verweisen wir gerne auf die wöchentlich erscheinende Kulturagenda (www.kulturagenda.be) oder die monatlich aufgelegten Magazin ensuite (www.ensuite.ch) und Bewegungsmelder (www.bewegungsmelder.ch). Im Folgenden finden Sie eine Anzahl regelmäßiger Veranstaltungsorte und die jeweils zu erwartende Musikrichtung:

- Stadttheater Bern: Klassik, Orchesterwerke, Oper (www.stadttheaterbern.ch)
- Hochschule der Künste: Klassik, Jazz und Experimentelles (www.hkb.bfh.ch)
- Casino Bern: Klassik (www.konzerte-bern.ch)
- Gurtenfestival: einmal jährlich, alle Richtungen, Rock, Pop, Rap (www.gurtenfestival.ch)
- Bierhübeli: Rock, Pop, Jazz (www.bierhuebeli.ch)
- Café Kairo: kleine Bühne, Underground, Solo-Acts (www.cafe-kairo.ch)
- Reitschule: Underground, Indie (www.reitschule.ch)
- Gaskessel: DJs, Indie, vor allem auf Jugendliche ausgerichtet (www.gaskessel.ch)
- Dampfzentrale: Neue klassische Musik, Tanz, DJs (www.dampfzentrale.ch)
- Mahogany Hall: Folk, Jazz (www.mahogany.ch)
- ISC: Rock 'n' Roll, Disco, Hip Hop, Gothic (www.isc-club.ch)
- Buskers: Straßenmusikfestival, jährlich Mitte August (www.buskersbern.ch)

- Marians Jazzroom im Hotel Innere Enge: Jazz und Blues von September bis Ende Mai (www.jazzfestivalbern.ch)
- BeJazz in den Vidmarhallen: Jazz (www.bejazz.ch)
  BeJazz organisiert sowohl im Januar als auch im August (auf dem Rathausplatz) ein kleines Festival

- La Cappella: Kleinkunst (www.la-cappella.ch)
  Musig Bistrot: Acoustic, Folk, Country, Songwriter/Liedermacher (www.musigbistrot.ch)
- Sous-Soul: Electro, DJs, House (www.sous-soul.ch)
- Ono: Avantgarde, leise Töne (www.onobern.ch)
- Mühle Hunziken, Rubigen: Pop, Folk, Blues, Retro (www.muehlehunziken.ch)
- Café Mokka Thun: Indie, Electro, Underground (www.mokka.ch)
- Chessu AJZ Biel: Indie, Rap, Underground (www.ajz.ch)
- Kofmel Solothurn: von Indie über Blues bis Comedy (www.kofmehl.net)

HERZROUTE AG /// SCHWENDE 1 /// 4950 HUTTWIL ///
(00 41) / 0 62 / 959 55 55 /// WWW.HERZROUTE.CH ///

EINE SINFONIE AUS HÜGELN UND AUSBLICKEN

Herzroute Veloland

31

Die Herzroute ist ein Stück Poesie, geschaffen für einen Fahrradausflug. Sie führt von Willisau über die samtenen Hügelzüge des Emmentals durch schmucke Dörfer nach Thun zum Tor des Berner Oberlandes und schlängelt sich über den Längenberg bis ins historische Städtchen Laupen. Die insgesamt vier Tagesetappen verlaufen nur einen Katzensprung von Bern entfernt und laden in eine zauberhafte Landschaft ein. An allen Etappenorten kann man Elektrobikes mieten, was angesichts der Länge der Strecke Vorteile bietet.

Mit dem E-Bike unterwegs auf der Herzroute. Als wenn die Schweiz nicht bereits schön genug wäre! Wenn Sie etwas Velo-Praxis haben und nicht gerade zu den Fitnessmuffeln gehören, ist diese Velowanderroute die ideale Herausforderung für Sie.

Es kitzelt in der Nase. Man vermutet den Fahrtwind, doch der ist es nicht. Nicht allein. Da ist noch etwas anderes, das die Mundwinkel nach oben zieht. Das fast mühelose Emporgleiten einer Steigung weckt ganz besondere Gefühle in Ihnen. Bergwärts treten, kaum schwitzen und die Landschaft genießen! Der Abstecher in die urigen Hügel der Voralpen, begleitet von einem beflügelten Strahlross, ist ein Vergnügen der besonderen Art. Hier entfaltet sich Ihre ganze Gelassenheit zur Landliebe. Unter Ihnen summt leise das Velo, oben summen Sie mit.

Die Herzroute führt in einem großzügigen Halbkreis um die Stadt Bern herum, gleitet über die mannigfaltigen Hügel, taucht in Schründe und Gräben hinab und klettert hinten wieder empor. Ausgesuchte Gasthöfe und schmucke Orte stehen Ihnen zu Diensten und verführen Sie mit lokalen Spezialitäten. Den Müsliriegel brauchen Sie also nicht; viel eher schon eisernen Willen, um sich gegen die heimtückischen Meringue-Fallen zu wehren! Start- und Zielorte sind per Zug von Bern aus gut erreichbar. Die E-Bikes warten am Bahnhof auf Sie und werden Ihnen kurz erklärt, Helme können Sie kostenlos ausleihen. Die Herzroute ist durchgängig ausgeschildert.

Burgdorf-Langnau: einmal sanft um die Hügel streicheln. Vom stolzen Burgdorf gelangen Sie über aussichtsreiche Höhenlagen ins schmucke Langnau. Unterwegs treffen Sie immer wieder auf einladende Gaststätten und schmucke Dörfer.

SCHWEIZER MUSEUM FÜR WILD UND JAGD /// SCHLOSS LANDSHUT ///
SCHLOSSSTRASSE 17 /// 3427 UTZENSTORF ///
(00 41) / 0 32 / 665 40 27 ///
WWW.SCHLOSSLANDSHUT.CH /// WWW.UTZENSTORF.CH ///
GEÖFFNET: ANFANG MAI – MITTE OKTOBER ///

KEIN MÄRCHEN, KEIN TRAUM, SONDERN SCHÖNE WIRKLICHKEIT

Schloss Landshut

32

Der 4,5 Hektar große Schlosspark Die Ortschaft Utzenstorf ist eine vorwiegend landwirtschaftlich geprägte Siedlung und liegt mitten in der Kornkammer des Kantons Bern. Am Dorfrand von Utzenstorf versteckt sich, umgeben von einem Wassergraben und in einer prächtigen Parkanlage, das Schloss Landshut. Der silberne Helm im roten Wappenfeld erklärt den Namen: Hut oder Schutz des Landes. Heute ist auf Schloss Landshut das Schweizerische Museum für Wild und Jagd eingerichtet.

ist ganzjährig frei zugänglich. Die ältesten Bäume, wie die den Schlosshof überdachende Platanengruppe, die große Eiche am Weiherrand oder die Nordmannstannen am nördlichen Parkrand sind über 200 Jahre alt. Sie könnten Ihnen viele Geschichten erzählen! Ein reicher Bestand einheimischer Bäume mit Eschen, Linden, Buchen und Ahornen sowie der Wassergraben rund um das Schloss prägen den Park im Stil eines englischen Landschaftsgartens. Botanisch interessierte Besucher finden an Bäumen und Sträuchern Schilder mit Namen und Herkunftsangaben. Sic stoßen dabei auch auf Namen wie Mädchenhaarbaum, Ginkgo biloba aus China, oder Sumpfzypresse, Taxodium districhum aus den Vereinigten Staaten!

Die Ausstellung im Schlossmuseum macht es möglich, Aktivitäten von Tier und Mensch in der veränderten Natur ohne räumliche und zeitliche Trennung zu erleben. Auge in Auge mit reißenden und reizenden Wildtieren. In der Jagdabteilung werden die kulturgeschichtliche Bedeutung und der Wandel des Jagens über die Jahrtausende hinweg dargestellt. Das einzige Jagdmuseum der Schweiz will mit der thematisch gegliederten Ausstellung nicht in erster Linie Jagdfieber wecken, sondern über jagende Menschen und gejagte Tiere informieren. Bei so viel Naturschönheit und Tiergeschichten im und um das Schloss Landshut kämen heutige Besucher kaum auf den Gedanken, dass unweit dieser märchenhaften Anlage einst die Realisierung des Großflughafens der Schweiz, in Konkurrenz zu Zürich-Kloten, ernsthaft in Erwägung gezogen wurde.

Im Gasthof Bären Utzenstorf genießen Sie den weltbesten Apfelkuchen – märchenhaft, traumhaft – nein: Wirklichkeit! Durchs Dorf führt ein Themenweg vorbei an prächtigen Bauernhöfen und Gewerbehäusern.

GASTHOF KREUZ /// DORIS & PETER TSCHANNEN /// HAUPTSTRASSE 7 ///
3033 WOHLEN BEI BERN /// (00 41) / 0 31 / 829 11 00 ///
WWW.KREUZWOHLEN.CH ///

AM GEBURTSORT DER BERNER PLATTE

Kreuz Wohlen

8/11

Der direkteste Weg zum Kennenlernen einer Kultur führt über Sprache, Speis und Trank. Ein Besuch im Kreuz Wohlen führt an den Geburtsort der legendären Berner Platte, aber nicht nur. Die Umgebung ist auch ein Eldorado für Kinder. Zwei moderne, vollautomatische Kegelbahnen stehen für Hobbykegler wie für lizenzierte Kegler bereit. Ein Besuch im historischen Weinkeller aus dem Jahre 1841 ist ein Muss. Das Kreuz Wohlen wird in der zwölften Generation von der Familie Tschannen geführt.

Die Geburt des traditionellen Gerichtes Berner Platte lässt sich genau auf den 5. März 1798 datieren. Während sich die Berner Truppen in Neuenegg erfolgreich gegen die Soldaten Napoleons wehrten, obsiegten die Franzosen beim Grauholz und nahmen die Stadt Bern ein. Als sich die Verteidiger müde und entmutigt auf den Heimweg nach Wohlen machten, beschlossen die Frauen, ihnen zum Dank für ihre Tapferkeit ein währschaftes Essen aufzutischen. Jede Frau steuerte bei, was sie – der Jahreszeit entsprechend – zu Hause auf Vorrat hatte. Die eine brachte Speck, die andere Würste, eine dritte Sauerkraut, Dörrbohnen und Rüebli. Die Köstlichkeiten wurden gekocht, gesotten und so zu einem Mahl für hungrige Mägen zubereitet. Damit die Hungrigen gut zugreifen konnten, wurden das Fleisch und die Würste in Stücke geschnitten und oben auf das Gemüse gelegt. Als die Männer eintrafen, empfing man sie trotz des verlorenen Krieges wie Helden mit Jubel. Das gemeinsame Speisen und die Geselligkeit, so die Überlieferung, halfen den Männern, das erlittene Leid auf dem Schlachtfeld zu vergessen. Aus der Not eine Tugend – die Berner Platte war geboren.

Heute besteht sie aus verschiedenen Fleisch- und Wurstsorten wie Rindfleisch, geräucherter Schweine- oder Rindszunge, geräuchertem Bauchspeck, Rippli (Kasseler), Schüfeli (Schweineschulter), Gnagi (Eisbein), Hamme (Schinken) und Knochenmark. Dazu Sauerkraut und Saure Rüben, grüne und/oder gedörrte Bohnen sowie Salzkartoffeln. Der wahre Berner-Schmaus muss auf einer großen Platte angerichtet und serviert werden. Eine echte Augenweide.

☞ Wohlen ist vom Hauptbahnhof Bern mit Postauto in 25 Minuten erreichbar und Ausgangspunkt für schöne Wanderungen entlang dem idyllischen Wohlensee.

KULTURWEGE SCHWEIZ /// KAPELLENSTRASSE 5 /// 3011 BERN ///
(00 41) / 0 31 / 300 70 60 /// WWW.KULTURWEGE-SCHWEIZ.CH ///

AUF KULTURWEGEN DURCH DEN KANTON BERN

Via Storia

33

Bern: das ist heute das politische Herz der Schweiz und ihr zweitgrößter Kanton. Einst war es größter Stadtstaat nördlich der Alpen, ein Imperium und auch ein frühes Touristenparadies. Die spannendste Art, diese facettenreiche Geschichte kennenzulernen, ist zu Fuß auf historischen Wegen. Zur Auswahl stehen sechs nationale und drei regionale Routen des Programms Kulturwege Schweiz. Auf ihnen werden Reiseabenteuer vergangener Epochen lebendig – diese garantieren stimmige Angebote aus Kultur, Landwirtschaft und Tourismus.

Wir haben uns heute die Taubenlochschlucht vorgenommen, eine kurze Wanderung auf guten Wegen am Stadtrand von Biel. Diese Wanderung ist ein Abschnitt der ViaJura, einer der zwölf Via-Routen der Kulturwege Schweiz. Sie führt von Basel über Laufen-Delémont-Moutier und weiter über den bereits in der Antike begangenen Übergang Pierre-Pertuis nach Biel. Der Weg durch die Taubenlochschlucht ist allerdings erst im Jahr 1889 als Promenadenweg und Naturlehrpfad angelegt worden.

Wir nehmen den Zug nach Biel und steigen um nach Frinvillier (Richtung Saint-Imier). Nach vier Minuten sind wir bereits am hinteren Teil der Schlucht angelangt, wo der Fluss, der sie gegraben hat, Suze heißt – im deutschsprachigen Biel ändert sich sein Name zu Schüss. Vom Bahnhof her steigen wir hinunter in die Flussniederung. Dort stoßen wir auf ein paar Industriebauten, die schon bessere Tage gesehen haben. Ein Teil der Schüss ist bereits kanalisiert, das Wasser wird unter einem Haus durchgeleitet, in dem früher ein Wasserrad zur Stromerzeugung oder zum Betrieb von Maschinen gestanden haben wird. Dann folgen wir auf der Außenbank dem Kanal, der nun in einem Aquädukt den Fluss überquert.

Mit jedem Schritt wird die Schlucht enger, werden die Felswände höher, und weit über unseren Köpfen ziehen die Monumente der modernen Verkehrswege ihre Bahnen: Gleich mehrere Brücken überqueren die Schlucht. Unten steht das Kleinkraftwerk Taubenloch aus dem Jahr 1896.

Pfade der Vergangenheit erkunden, ohne auf zeitgenössischen Reisekomfort zu verzichten: Das ermöglichen die mehrtägigen Packages von Kulturwege Schweiz.

ABEGG-STIFTUNG /// WERNER ABEGGSTRASSE 67 /// 3132 RIGGISBERG ///
(00 41) / 0 31 / 808 12 01 /// WWW.ABEGG-STIFTUNG.CH ///

MÄZENATENTUM IN LUFTIGER HÖHE

Stiftung abegg

34

Der Weg nach Riggisberg führt mit dem Auto durchs Gürbetal oder mit dem Zug nach Thurnen und von dort mit dem Postauto hinauf ins Dorf. Die Abenteuerlustigen nehmen ab Kehrsatz (oder Zimmerwald) den Gürbetaler Höhenweg unter die Füße, der sie in vier Stunden vorbei am Teufelsstein bei Winzenried, an der Pfaffenloch-Höhle oberhalb Toffen und an der einen oder anderen Besenbeiz über den Längenberg geleitet (einzelne Streckenteile können auch mit dem Postauto zurückgelegt werden).

Die hier vorgestellten Ausstellungsräumlichkeiten erstrahlen seit 2011 in neuem Glanz. 1961 gründeten der Textilindustrielle Werner Abegg und seine Frau Margaret die Abegg-Stiftung. Von Anfang an lag das Hauptinteresse auf dem Sammeln und Erhalten historischer Textilien. Diese bilden denn auch den Grundstock der weltweit bekannten Sammlung. Angegliedert ist zudem ein Studiengang in Textilkonservierung/-restaurierung auf Fachhochschulniveau.

In der Villa Abegg, dem ehemaligen Wohnhaus des Stifterpaars, sind historische Interieurs zu sehen (Besuch mit Führung). Im Museum selbst werden Sonderausstellungen sowie eine Reihe hochrangiger Werke aus verschiedenen Jahrtausenden gezeigt. Die Sonderschauen präsentieren Themen und Epochen der Textilkunst anhand von Exponaten aus der eigenen Sammlung, zum Beispiel textile Schätze aus dem frühmittelalterlichen China oder Dekorationstextilien des 18. Jahrhunderts.

In der – gemessen an anderen Museen – relativ kleinen Dauerausstellung finden sich Einzelwerke und Sammlungsgruppen von allerhöchster Qualität. Dabei geht man mit Siebenmeilenstiefeln durch die Jahrtausende und kommt aus dem Staunen nicht heraus. Ein azurblaues Trinkhorn aus Lapislazuli und Gold steht neben durchscheinenden Alabastergefäßen aus dem alten Ägypten. Emailkästchen leiten über zu prächtigen Samten und Gemälden, darunter ein Bildnis des Thomas von Aquin, das Sandro Botticelli zugeschrieben wird.

Wir empfehlen einen Abstecher zur Ruine der Klosterkirche Rüeggisberg, einem ehemaligen Cluniazenserpriorat, erbaut im späten 11. Jahrhundert. Man genießt neben der eindrücklichen Anlage einen traumhaften Blick auf die Gantrischkette, von den Freiburger Alpen bis hinüber zum Stockhorn.

NATURPARK GANTRISCH GESCHÄFTSSTELLE /// HINTERE GASSE 3 ///
3132 RIGGISBERG /// (00 41) / 0 31 / 808 00 20 ///
WWW.GANTRISCH.CH ///

DAS GÜRBETAL – ALTE KIRCHENKUNST IN FLIESSENDER LANDSCHAFT

Amsoldingen

35

Laut einer Legende soll der Burgunderkönig Rudolf II. († 937) den Bau von zwölf Kirchen rund um den Thunersee in Auftrag gegeben haben. Tatsache ist, dass es in der Gegend einige romanische Kirchen gibt, ein paar andere sind zerstört oder später umgebaut worden. Nach wie vor zu besichtigen sind Einigen bei Spiez, Erlenbach im Simmental, Scherzligen bei Thun (erwähnt 762, Schiff um 1000), Reutigen, Amsoldingen und Rüeggisberg.

Für diesen Ausflug durch das malerische Gürbetal rechnet man mit dem öffentlichen Verkehr (oder mit dem Fahrrad!) einen ganzen, mit dem Auto einen halben Tag. Der Weg führt uns von Bern nach Belp (Flughafen, Schloss, Ortsmuseum). Dort öffnet sich das Tal der ab und zu wilden Gürbe, denn die Dörfer kleben alle rechterhand am Fuß des Längenbergs und strecken nur vereinzelte Fühler zu den Bahnhöfen im Talboden aus. Links erhebt sich der Belpberg. Sanft steigt das Tal an und wird im Süden durch einen Moränenriegel abgegrenzt.

Wir fahren durch Toffen (Tuffsteinbruch, Schloss), Kaufdorf, Kirchen- und Mühlethurnen sowie Wattenwil, wo wir immer wieder prächtige Bauernhäuser bewundern können. In Blumenstein erwartet uns rechts oberhalb der Gemeinde das spätgotische Kirchlein, das besonders bei Hochzeitern beliebt ist – obwohl oder gerade weil der Kirchturm keine Uhr aufweist und deshalb ›zeitlos‹ ist. Die Kirche gilt – zusammen mit dem dahinter liegenden Wasserfall des Fallbachs – als Kraftort, ebenso wie die ganze Anlage in Amsoldingen.

Dorthin gelangen wir über Pohlern und Oberstocken schließlich links hinunter zum (privaten) Amsoldingersee. Am andern Ufer erwartet uns das Schmuckstück der ottonischen Basilika (ehemals St. Mauritius), deren Grundform noch in das 10. Jahrhundert zurückreicht (Vorläuferkirche aus dem 7. Jahrhundert). Sehenswert ist der frühgotische Taufstein aus dem frühen 14. Jahrhundert mit seinen Tierreliefs.

Buchtipp: Pier Hänni: ›Magisches Bernbiet. Wanderungen zu Orten der Kraft im Emmental, Schwarzenburgerland, Seeland und Mittelland.‹

SOLOTHURN TOURISMUS /// HAUPTGASSE 69 /// 4500 SOLOTHURN ///
(00 41) / 0 32 / 626 46 46 /// WWW.SOLOTHURN-CITY.CH ///

DIE AMBASSADORENSTADT

Solothurn

36

Solothurn hat eine lange Geschichte, die ins Mesolithikum zurückreicht, später Kelten und Römer an das Ufer der Aare bringt und Brücken bauen lässt. Die Zähringer errichteten im frühen Mittelalter die moderne Stadt. Entscheidend für die weitere Entwicklung war die Niederlassung des französischen Gesandten zur Zeit der Alten Eidgenossenschaft. Aber nicht nur in der Historie, sondern auch in neuerer Zeit erregt Solothurn die Aufmerksamkeit: mit einer Vielzahl an Gaststätten, von denen das Kreuz als erste Genossenschaftsbeiz der Schweiz seit 1973 den Wandel der Zeiten überlebt hat.

Wenn wir uns in Bern zum Bahnhof begeben, blicken wir noch auf die Heiliggeistkirche, eines der wenigen Barockgebäude, das im Kanton zu besichtigen ist. Das katholische Solothurn hingegen wird uns mit Barockbauten im Übermaß beglücken, Kirchen, Bürgerhäuser und Paläste, errichtet zu einer Zeit, als der französische Botschafter in der Ambassadorenstadt residierte.

Zuerst jedoch fahren wir mit der S-Bahn durch Bauernland in goldenen Herbstfarben. Wir passieren Bahnhöfe mit so seltsamen Namen wie Moosseedorf, Fraubrunnen, Grafenried, Schalunen, Bätterkinden, Lüterkofen oder Biberist. Schleierwolken über dem Mittelland und leichte Nebelschwaden verdecken vorerst den Blick auf den Weißenstein.

Wir nehmen den Bus nach Rüttenen (bis Brüggmoos) und folgen dem Wanderweg in die Verenaschlucht, der an der Einsiedelei (seit 2009 von der Einsiedlerin Verena Dubach bewohnt) vorbei und auf einem geruhsamen Waldweg durch das enge Tal führt. Wir schleichen uns also sozusagen von hinten an Solothurn an. Nach einer knappen Stunde erreichen wir die mächtigen Steinquader des Baseltors und den Turm der St.-Ursen-Kathedrale, dem Prunkstück der Stadt. Von dort erkunden wir enge Gässchen und weite Plätze, bewundern den mittelalterlichen Zeitglockenturm (das älteste Bauwerk der Stadt mit der Automatengruppe von Ritter, Tod und König) und die Brunnenfiguren, Bürgerhäuser sowie den Palais Besenval.

☞ Solothurn kennt ein reiches Kulturleben. Besonders empfehlenswert ist ein Besuch an den Filmtagen (jeweils nach Mitte Januar – www.solothurnerfilmtage.ch) oder an den Literaturtagen (jeweils am Auffahrtswochen-ende – www.literatur.ch).

SCHLOSS JEGENSTORF /// GENERAL-GUISANSTRASSE 5 ///
3303 JEGENSTORF /// (00 41) / 0 31 / 761 01 59 ///
WWW.SCHLOSS-JEGENSTORF.CH ///
GEÖFFNET: MITTE MAI – MITTE OKTOBER ///

SO LEBTE ES SICH IM ALTEN BERN

Schloss Jegenstorf

37

Das mittelalterliche Schloss Jegenstorf wurde 1720 durch Albrecht Friedrich von Erlach zu einem barocken Landsitz mit Parkanlage umgebaut. 1936 kam es in den Besitz des Vereins zur Erhaltung des Schlosses. Seither ist es öffentlich zugänglich. Hier können Sie Möbel, Gemälde, Uhren und weitere Einrichtungsgegenstände bürgerlicher und patrizischer Haushalte des 17. bis 19. Jahrhunderts aus dem Raum der alten Stadt und Republik Bern bestaunen. Das Schloss ist umgeben von einem prächtigen Park mit altem Baumbestand und einem idyllischen Schlossweiher.

›Ohne Halt bis Jegenstorf‹ – Bequem im Halbstundentakt und in weniger als einer Viertelstunde gelangen Sie mit einem Schnellzug der RBS vom Hauptbahnhof aus direkt vor die Tore des Schlosses. Tauchen Sie ein in die Wohnkultur des alten Bern. Beim Eintritt in den Schlosspark werden Sie beeindruckt sein vom imposanten schmiedeeisernen Tor. Auf dem Weg durch die Vergangenheit begegnen Sie über 150 prachtvollen Möbelstücken aus dem Nachlass der Berner Kunsthandwerkerfamilie Funk. Ebenso prunkvoll und zugleich praktisch sind die Möbel aus der Werkstatt des Stuttgarters Christoph Hopfengärtner (1758–1843). Seine Sekretäre, Tische und Sitzmöbel zeugen von höchster Präzision. Sie erfreuten sich in Bern größter Beliebtheit. Mit über 50 Gemälden des Basler Malers Emanuel Handmann (1718–1781) und weiteren Werken verschiedener Berner Künstler wird die Zeit des 17. und 18. Jahrhunderts sehr eindrücklich wiedergegeben.

»Ja gäll, so geit's!« Wer sich näher mit der bernischen Mundart befassen will, findet in der Dauerausstellung über den Berner Mundartdichter Rudolf von Tavel (1866–1934) eine Fülle der ureigensten schriftlichen Ausdrucksformen des Stadtberndeutschen, der Sprache des Berner Patriziates und Bürgertums. Einem weiteren bedeutenden Berner, dem Pädagogen und Ökonomen Philipp Emanuel von Fellenberg, ist ebenfalls eine Ausstellung gewidmet. Seine erzieherischen Ideen und landwirtschaftlichen Erfindungen waren in allen Kontinenten präsent.

Im historischen Waschhaus werden Kaffee und Kuchen serviert. In der Galerie im alten Pferdestall finden wechselnde Verkaufsausstellungen statt. In der Schlossscheune befindet sich das Dorfmuseum mit thematischen Ausstellungen zur Dorfgeschichte.

MURTEN TOURISMUS /// FRANZÖSISCHE KIRCHGASSE 6 ///
3280 MURTEN /// (00 41) / 0 26 / 670 51 12 ///
WWW.MURTENTOURISMUS.CH ///

MITTELALTER PUR

Murten

38

Murten ist eine vornehmlich mittelalterlich geprägte Kleinstadt am gleichnamigen See. Es bietet alle touristischen Annehmlichkeiten, beginnend beim Gewässer, das über eine gemeinsame Schifffahrt mit dem Neuenburger- und Bielersee verfügt und an seinen Ufern mehrere gut frequentierte Campingplätze aufweist. Mit den Weinbergen am Mont Vully ist es eine kulinarisch eigenständige Region mit bemerkenswerter Gastronomie. Und als Standort der Schlacht von Murten ist es für die schweizerische Geschichte mythenbildend.

Am 22. Juni 1476, nach einer stürmischen Nacht, griffen die eidgenössischen Heere Karl den Kühnen von Burgund und seine Truppen an, die das Städtchen Murten belagert hielten. Es kam zur verlustreichsten Schlacht der Schweizer Geschichte, die letztlich den Niedergang des Burgunderreichs in die Wege leitete und die kurzzeitige eidgenössische Großmachtspolitik beflügelte.

Wenn man den Ort vom Bois Domingue aus betrachtet, dem Platz, an dem das Prachtzelt des burgundischen Herzogs gestanden hat, kommt es einem vor, als habe sich seither wenig geändert. Man muss sich nur die Quartiere außerhalb der Stadtmauern wegdenken.

Ein Rundgang durch das Städtchen, nachdem wir durch das Berntor eingetreten sind und uns an ähnlichen Lauben erfreuen wie in der Stadt Bern, führt uns zuerst zur deutschen Kirche. Gegenüber steht das Pfarrhaus, in dem Jeremias Gotthelf (als Albert Bitzius) 1797 geboren wurde. Hinter der Kirche finden wir den Aufgang zur fast vollständig erhaltenen Ringmauer um die Altstadt. Auf den Wehrgängen können wir uns bis fast ans westliche Ende des Städtchens bewegen und haben einen prachtvollen Blick über die Dächer der Altstadt und den See, aber auch auf das ehemalige Schlachtgelände außerhalb der Mauern.

Den Abschluss der Befestigungen bildet das Schloss, von dem leider nur der Innenhof besichtigt werden kann. Dafür erwartet uns außerhalb der Stadtmauer die alte Mühle, die heute ein originell eingerichtetes historisches Museum enthält. Dort werden auf mehreren Stockwerken 6.000 Jahre Geschichte der Region und eine dramatische Multimediaschau der Schlacht von Murten präsentiert (www.museummurten.ch).

☞ Der Ausflug nach Murten läst sich Richtung Westschweiz erweitern: Nach Avenches, Payerne oder Romont.

MURTEN TOURISMUS /// FRANZÖSISCHE KIRCHGASSE 6 ///
3280 MURTEN /// (00 41) / 0 26 / 670 51 12 ///
WWW.MURTENTOURISMUS.CH /// WWW.GEMUESE.CH ///

ZU BESUCH IM GRÖSSTEN GEMÜSEGARTEN DER SCHWEIZ

Gemüselehrpfad

39

Von Anfang Mai bis Mitte Oktober können Sie den Gemüseanbau im Seeland besichtigen. Auf verkehrsarmen, gut markierten Flurwegen kann der größte Gemüsegarten der Schweiz, zwischen Kerzers und Ins, auf rund 40 Kilometern mit über 60 verschiedenen Gemüsearten mit dem Velo, auf Teilstücken mit Inlineskates, hoch zu Ross, mit dem Pferdewagen und zu Fuß erkundet werden. Besonders interessante Punkte sind mit Fahnen markiert, und auf illustrierten Tafeln finden Sie viel Wissenswertes über den Gemüseanbau.

Das Grosse Moos nennt man die Landschaft im Berner und Freiburger Seeland, der Region zwischen dem Bieler-, Neuenburger- und Murtensee. Es ist ein Niedermoorgebiet. Die Gemüseanbaufläche in dieser Moorlandschaft ist rund 77.000 Hektar groß und nach der ersten Juragewässerkorrektion in den Jahren 1868–1878 entstanden. Damals wurde der Wasserstand der drei Seen um 2,5 Meter abgesenkt. Die Flüsse Broye und Zihl wurden kanalisiert sowie die Aare bei Aarberg in den Bielersee geleitet. Nach und nach entwickelte sich hier das größte zusammenhängende und wohl fruchtbarste Gemüseanbaugebiet der Schweiz. Mehr als 400 Familienbetriebe pflanzen über 60 verschiedene Gemüsesorten an. Durch die Sensibilisierung für Ökologie entstanden in der Partnerschaft von Gemüseproduzenten und der Stiftung Biotopverbund Grosses Moos in den letzten Jahren vermehrt wieder offene Wasserläufe, Hecken und Biotope.

Sie werden von der Farbenpracht des wohlgepflegten Gemüsegartens beeindruckt sein. Die Fahrstrecke ist überwiegend flach und daher auch für Familien sehr gut zu meistern. Die Ausgangspunkte, die Bahnstationen Kerzers oder Ins, sind vom Hauptbahnhof Bern aus bequem zu erreichen. In den Reisezentren der BLS können Sie Velos ausleihen. Die gut signalisierten Flurwege sind mit Ausnahme der landwirtschaftlichen Fahrzeuge autofrei. Gruppen können sich auf Voranmeldung bei ausgewählten Gemüsebaubetrieben mit einem Apéro, Zvieri oder einem Mittagessen verwöhnen lassen.

Der Besuch des Papilioramas in Kerzers ist ein Muss. Mehr als 60 Schmetterlingsarten flattern in dieser vielfarbigen, tropischen Umgebung herum. Im Nocturama sind nachtaktive Tiere zu beobachten. www.papiliorama.ch

ERLEBNISBRENNEREI MATTER-LUGINBÜHL AG /// UNTERER DAMMWEG 2 ///
3283 KALLNACH /// (00 41) / 0 32 / 392 27 72 ///
WWW.ERLEBNISBRENNEREI.CH ///

ABSINTHE IM SEELAND

Erlebnisbrennerei

40

Alles beginnt 1928, als der Firmengründer, Ernst Luginbühl-Bögli, das Rezept eines italienischen Bitter-Likörs namens Martinazzi gekauft hat. Das Produkt wird nach wie vor hergestellt, heute aber ergänzt durch den Gran Classico, der auf dem Originalrezept von 1864 basiert. Die Spezialitätenbrennerei Matter-Luginbühl, heute in Kallnach im Seeland domiziliert, hat über die Jahrzehnte ihre Angebotspalette ausgebaut, eine Aufgabe, die Oliver Matter zu Höchstleistungen am Brennhafen inspiriert. Weitere innovative Kreationen sind zu erwarten.

Was um Himmels willen ist eine Erlebnisbrennerei?, fragt sich der Wanderer, wenn er auf dem Gemüsepfad an Kallnach vorbeispaziert und plötzlich vor dem aluminiumverkleideten Gebäude im Industriegelände steht, nebendran ein paar Autos mit dem blutroten Signet ›Mansinthe‹.

Nicole und Oliver Matter sind keine Schnapsnasen, die nur die Früchte der Seeländer Bauern destillieren. Das tun sie zwar auch als Lohnbrenner, aber die beiden sind Unternehmer im klassischen Sinn: spezialisiert auf eine Produktlinie, immer zu neuen Entwicklungen bereit. Die kupfernen Brennhäfen sind beinahe hundert Jahre alt, die Ideen in den Köpfen stammen jedoch von heute.

Im Showroom stehen neben klaren Schnäpsen diverse Absinthe im Gestell, und zwar mit einer Vielfalt von künstlerischen Etiketten, unter anderem von H. R. Giger, Gottfried Helnwein und dem vorher erwähnten Mansinthe, einem ungezuckerten grünen Absinthe, der zusammen mit dem Schock-Rocker Marilyn Manson entwickelt und mit einem von ihm gemalten Etikett versehen worden ist.

Die Zusammenarbeit mit verschiedenen Künstlern zeichnet die innovationsfreudige Brennerei neben ihrer Produktpalette aus, genauso wie das umfangreiche Angebot, das sie zur Erlebnisbrennerei macht. Wer seine Flaschen selbst abfüllen und etikettieren will, ist hier bei einem Brennkurs an der richtigen Stelle. Mit ein bisschen Glück ergattert man eine Flasche vom limitierten Weihnachtsabsinthe, der jedes Jahr am zweiten Advent nach einer jedes Mal neuen Rezeptur gebrannt wird.

Falls Ihnen nach dem Degustieren nach Kultur zumute ist, gehen Sie am Bahnhof vorbei ins Dorf hoch bis zur Moulin Culture unter der Leitung von Claudine Rose Boss: www.moulinculture.ch

ST. PETERSINSEL RESTAURANT UND KLOSTERHOTEL ///
HISTORISCHES HOTEL DES JAHRES 2010 /// 3235 ERLACH ///
(00 41) / 0 32 / 338 11 14 /// WWW.ST-PETERSINSEL.CH ///

AUF DEN SPUREN VON JEAN-JACQUES ROUSSEAU

St. Petersinsel

Um 1127 wurde auf der St. Petersinsel ein Cluniazenser-Kloster errichtet, das in frühen Jahren bereits als Gasthaus diente. Dort lebte Jean-Jacques Rousseau im Jahre 1765 zwei Monate lang als Emigrant. ›An manch einem reizenden Orte verweilt ich; nirgends aber fühlte ich mich so wahrhaft glücklich wie auf der St. Petersinsel inmitten des Bielersees, an keinen Aufenthalt denke ich mit solch süßer Wehmut zurück.‹ Sein Zimmer ist heute noch zu besichtigen (oder für eine Übernachtung zu mieten).

Für den empfohlenen Ausflug benötigen wir einen Tag Zeit, halbwegs vernünftiges Wetter und einen Fahrplan der Bielerseeschifffahrtsgesellschaft. Am Vormittag besteigen wir in Bern die S-Bahn Richtung Neuchâtel, am besten den Schnellzug kurz vor der vollen Stunde, der in Ins direkten Anschluss an das Postauto nach Erlach hat. Damit erreichen wir nach einer Fahrt durch Wälder und Felder des Seelands den Fuß des Bergsporns, auf dem das Schloss Erlach steht.

Ein kurzer Spaziergang bringt uns durch die steile Altstadt-Gasse zum Vorplatz des Schlosses, eines der ältesten im Kanton Bern, Ende des 11. Jahrhunderts erbaut, mit Innenhof und umlaufendem Wehrgang.

Vom Vorplatz des Schlosses aus hat man bei schönem Wetter den gesamten Bielersee und seine Umgebung im Visier, vor allem den lang gestreckten Heidenweg, der seit der Juragewässerkorrektion im 19. Jahrhundert das Festland mit der St. Petersinsel verbindet. Er führt in einer guten Stunde entweder zur Schiffsanlegestelle oder zum ehemaligen Kloster, das heute ein beliebtes Ausflugsrestaurant beherbergt. Im Sommer reserviert man besser einen Tisch.

Unterwegs lohnt ein Abstecher über den Holzplankenweg ins Naturschutzgebiet, wo das Schilf seltenen Vögeln und Kleintieren Lebensraum bietet.

Auf der Nordseite der Insel wartet ein Schiff, das uns in einer knapp einstündigen Fahrt quer über den See nach Biel bringt, wo wir den Tag mit einem Bummel durch die Altstadt abschließen.

☞ Wenn wir bereits vor dem Mittag in Erlach sind, setzen wir uns beim Bootshafen in die Cabane du Pêcheur, eine Selbstbedienungsgaststätte, wo der Wanderer mit frischen Produkten zu vernünftigen Preisen verköstigt wird. www.cabane-du-pecheur.ch

TOURISMUS BIEL SEELAND /// INFO-CENTER /// BAHNHOFPLATZ 12 ///
2502 BIEL /// (00 41) / 0 32 / 329 84 84 /// WWW.BIEL-SEELAND.CH ///

BESCHAULICHE WINZERDÖRFER AM FREUNDLICHEN BIELERSEE

Bielersee

42

Auf der Fahrt von der St. Petersinsel nach Biel haben wir das Nordufer des Bielersees bereits vom Schiff aus bewundert, konnten uns sattsehen an den Rebhängen, die von den nach Süden gerichteten Steillagen profitieren, im Sommer von strahlendem Sonnenschein, im Herbst von der trocknenden Bise. Im Winter aber dominiert der Nebel, der vom Gewässer aufsteigt und die ganze Landschaft in eine unwirkliche Märchenwelt verwandelt. Mit anderen Worten: Die Gegend von La Neuveville bis Biel hat zu jeder Jahreszeit ihren Reiz.

Von West nach Ost beginnen wir in La Neuveville (Neuenstadt), das im geschlossenen Altstadtkern – in Form eines Schlüssels angelegt – einen Historischen Themenweg anbietet. Weiter geht es durch die üblicherweise beschaulichen und stillen Winzerdörfer, die sich wie Perlen aneinanderreihen: Schafis, Ligerz, Bipschal, Twann, Wingreis, Tüscherz, Alfermée, Vingelz.

In Ligerz lohnt ein kurzer Spaziergang hinauf zur spätgotischen Kirche oder ein Besuch des Rebbaumuseums Hof. Oberhalb des Dorfes, auf der Sonnenterrasse, liegt der Weiler Schernelz, wo Friedrich Dürrenmatt in den Jahren 1948–1952 gelebt hat und sein berühmtestes Werk, ›Der Richter und sein Henker‹, entstanden ist. Seinen Spuren kann man bis heute nachgehen.

Von Ligerz nach Twann führt der Pilgerweg, ergänzt durch einen Reblehrpfad. In Kleintwann erkennt man linkerhand den Twannbachfall. Folgt man der steilen Treppe nach oben, findet man den Einstieg in die Twannbachschlucht, im Sommer ein vergnüglicher Spaziergang durch die schattigen Wälder hinauf auf die Hochebene, auf der man vom Tessenberg über den Twannberg bis nach Magglingen wandern könnte.

Wir aber haben uns für den Weg entlang des Sees entschieden und finden im gemütlichen Winzerdorf Twann verschiedene Gaststätten, die einen zum Fisch passenden Wein ausschenken. Ein letzter Abstecher ins Haus des Bielerseeweins (ehemaliges Pfropfhaus) endet mit einer Degustation der regionalen Köstlichkeiten, bevor uns das Schiff nach Biel mitnimmt.

☞ Von Anfang September bis Ende Oktober finden um den Bielersee die beliebten Winzerfeste statt, als letztes am dritten Oktoberwochenende die Trüelete in Twann.

TOURISMUS BIEL SEELAND /// INFO-CENTER /// BAHNHOFPLATZ 12 ///
2502 BIEL /// (00 41) / 0 32 / 329 84 84 /// WWW.BIEL-SEELAND.CH ///

DEUTSCH UND WELSCH

Biel-Bienne

43

Fast wäre Biel ein eigener Kanton geworden, hätte nicht der Wiener Kongress die zweisprachige Stadt 1815 dem Kanton Bern zugeordnet. Aber eigentlich ist die Bieler Geschichte viel älter und reicht wohl bis zu den Pfahlbauern zurück, denn am Bielersee siedelten viele Menschen zu unterschiedlichen Zeiten. Die Mündung der Schüss ist ein Platz, dessen Beliebtheit auch in den folgenden Jahrhunderten keineswegs nachgelassen hat. Gesichert ist der Ursprung der Stadt als eine Gründung des Bischofs von Basel im 13. Jahrhundert, ein glockenförmiges Gebilde um die beiden Plätze Ring und Burg.

Erstaunt ist man als Besucher aber schon, wenn man die Altstadt von Biel auf einer Geländeerhebung abseits vom See suchen muss, denn die Schüss fließt als munteres Bächlein in einem Kanal dem See entgegen. Vor der Stadt hat sie sich jedoch durch die letzten Jurafelsen gefressen und die Taubenlochschlucht hinterlassen.

Das Rätsel löst sich, wenn man an die Juragewässerkorrektionen im 19. Jahrhundert denkt, die aus dem Schwemm- und Sumpfland durch Absenken des Sees erst bebaubares Land gemacht haben. Dort entstanden dann Wohn- und Industriegebiet, letzteres für die Uhrenmetropole und die Maschinenfabrikation. Einiges davon ist heute im Maschinenmuseum Müller im Seequartier zu besichtigen (www.centre-muller.ch).

Ein paar der ehemals herrschaftlichen Häuser werden im Museumsviertel als Ausstellungslokalitäten genutzt, darunter das mehrstöckige Gebäude der Familie Neuhaus, heute Wohnmuseum des 19. Jahrhunderts, mit einer Sammlung zur Bieler Industriegeschichte, zur Archäologie des Kinos und zum Werk der Gebrüder Karl (Maler) und Robert Walser (Schriftsteller)(www.mn-biel.ch).

Gegenüber beherbergt das Museum Schwab eine ausgezeichnete Pfahlbauer-Kollektion (www.bielbienne.ch). Noch ein paar Schritte weiter Richtung See findet man das Centre Pasquart, bekannt für das Photoforum und für Ausstellungen moderner Künstler (www.pasquart.ch).

Sind Sie an einem nebligen Tag in Biel gestrandet? Vielleicht rettet sie ein Ausflug mit der Standseilbahn hinauf nach Magglingen, wo man nach einem kurzen Spaziergang eine Straße findet, die zum End der Welt führt (das heute ziemlich bevölkert ist).

BSG
STADT SOLOTHURN

44

Biel-Aare

Biel-Bienne ist Ausgangspunkt für Aktivitäten am und auf dem Bielersee sowie an der Aare. Mit dem Zweirad entlang der Gewässer ein Riesenspaß. Die Radwege sind zumeist getrennt vom motorisierten Verkehr. Eine Wanderung über die Höhenzüge des Jura mit wunderschöner Fernsicht über das Mittelland bis hin zu den schneebedeckten Berneralpen, durch die wild romantische Taubenloch- oder Twannbachschlucht oder entlang des legendären Rebenwegs, von Biel nach La Neuveville oder Aare aufwärts nach Büren und Solothurn.

Gönnen Sie sich heute eine einmalige Flussfahrt von Biel nach Solothurn. Nach einer halben Stunde Zugfahrt ab Bern kann das Vergnügen durch eine verträumte Landschaft am Südhang der Jurakette beginnen. Bereits kurz nach der Abfahrt erleben Sie einen der Höhepunkte: In Port, bei der Schleusendurchfahrt, wird der Wasserstand der drei Juraseen (Bieler-, Neuenburger- und Murtensee) geregelt. Hier senkt oder hebt sich der Aarestand um mehr als einen Meter. Die Aare entlang weiter abwärts gelangen Sie nach Büren. Ein kurzer Halt lohnt sich. Sehenswert im dreieckförmigen Ortskern sind das Schloss, das stilvoll restaurierte Rathaus mit seiner gotischen Fensterfront, der Spittel, das alte Spital, in dem heute das Ortsmuseum eingerichtet ist, die Stadtkirche, die Lauben an der Hauptgasse, die beiden Stadtbrunnen und vor allem die mächtige Holzbrücke. Ein Spaziergang ins Häftli, das Gebiet der alten Aare, führt Sie in ein wunderschönes Naturschutzgebiet. Kaum zu glauben, dass hier während des Zweiten Weltkriegs das größte Flüchtlingslager der Schweiz war.

Weiter flussabwärts Richtung Solothurn erreichen Sie die Storchensiedlung in Altreu. In diesem idyllischen Weiler an der windungsreichen Aare vermittelt die schweizerische Vogelwarte im Infozentrum Witi viel Wissenswertes über Störche. Nach knapp drei Stunden Aarefahrt erreichen Sie schließlich Solothurn, die schmucke Ambassadorenstadt.

Besuchen Sie in Solothurn das Naturmuseum. Hier finden Sie Tiere, Pflanzen, Steine und eine über 150 Millionen Jahre alte versteinerte Schildkröte oder eine Dinosaurier-fährte aus der Umgebung.www.naturmuseum-so.ch

ZUKUNFT BRAUCHT HERKUNFT

Denk mal – ein Denkmal

Von Bern nach Biel, von Thun nach Erlach: Überall im Kanton Bern sind Denkmäler zu finden. Zwar nicht gerade auf Schritt und Tritt, aber doch zahlreich. Sofern man Denkmäler überhaupt sucht, sehen will und wahrnimmt. Und sofern man weiß, an wen oder was sie erinnern sollen.

Ich stand selbst mal vor einem Stein, versteckt in einem Gebüsch, fast etwas verwildert, und war nicht schlecht überrascht, als ich beim näheren Hinsehen die Inschrift las: ›In Ehren dem Andenken dem unvergesslichen Präsidenten der USA John F. Kennedy – Gewidmet 23. Okt. 1964, Vereinigung Pro Libertate‹: Das war am 1. Januar 2001, auf dem Aussichtspunkt Belpberg einem sanften Hügelzug zwischen Aare- und Gürbetal, nicht weit von Bern entfernt. Diese unerwartete Begegnung mit John F. Kennedy – JFK, wie er auch genannt wurde –, löste viele Erinnerungen an das Attentat vom 22. November 1963 aus, auf den jugendlichen Hoffnungsträger für Freiheit und Frieden. Aber JFK war doch nie auf dem Belpberg, ja, nie in der Schweiz. In Europa wurde er durch seine berühmte Rede vor dem Brandenburger Tor im eingemauerten und isolierten Westberlin mit dem legendär gewordenen Ausspruch bekannt: »Ich bin ein Berliner.«

Warum also dieser Gedenkstein auf dem Belpberg für JFK? Warum ein Gedenkstein im Schlosspark Oberhofen am Thunersee, für den ehemaligen britischen Premierminister Winston Leonard Spencer Churchill? Weshalb sitzt auf dem Dorfplatz in Meiringen unverkennbar Sherlock Holmes, als elegante Bronzeplastik gegossen? Und in Thun an den Gestaden des Sees, da sind gleich für zwei Persönlichkeiten Gedenkstätten errichtet worden. Eine für Heinrich von Kleist, der hier maßgeblich an ›Der zerbrochne Krug‹ geschrieben hat, und eine elegante Bronzefigur – im Volksmund Brahms-Rösi genannt – erinnert an den Aufenthalt des Musikers Johannes Brahms.

Mir ging es noch um mehr. Die meisten Denkmäler – und das nicht nur im Kanton Bern – stehen oft etwas verlassen da. Sie sind häufig ausschließlich mit einem Namen und Jahreszahlen versehen, sonst fehlen weiterreichende Informationen. All diesen ›vereinsamten Objekten‹ will ich ein Gesicht geben, ihre Geschichte präsent machen und damit aufzeigen, dass unsere Umgebung lebt. All die Denkmäler sind Teil der Vergangenheit einer Landschaft, eines Dorfes, einer Region. Ich bin dem

Gedanken ›Zukunft braucht Herkunft‹ gefolgt. In dieser kurzen Aussage stecken alte Fragen der Menschheit. Wohin gehen wir? Wo stehen wir? Woher kommen wir? Die Erkenntnis aus diesen Fragen lässt sich in einem Satz zusammenfassen: Wer verwurzelt ist, braucht in diesen hektischen Zeiten keinen Sturm zu fürchten und darf sich der Zukunft ruhig stellen. Jede und jeder ist auf dem Weg in die Zukunft in einer gewissen Form in der Vergangenheit, in der Geschichte seiner Vorfahren verwurzelt. Das Credo ›Zukunft braucht Herkunft‹ beinhaltet einerseits den Aspekt zur Gestaltung der Zukunft und plädiert für Offenheit für Neues, für die Hinwendung zu notwendiger Veränderung. Es beinhaltet aber auch das Fundament unserer Herkunft, unserer Geschichte. Es bekennt sich zum Grundsatz, dass Leben Bewegung bedeutet.

Wer sich bewusst auf eine Reise durch die Stadt Bern und ihre Umgebung begibt, dabei die Augen offen hält für Denkmäler, der wird reich belohnt. Nebst den eigentlichen Denkmälern und Kulturstätten, deren Geschichte sich in der Vergangenheit abspielt, werden Sie, lieber Gast, vor Ort bestimmt Gelegenheit bekommen, unerwartete persönliche Kontakte mit Menschen in der Gegenwart zu machen. Sei es vor den eigentlichen Denkmälern oder beim Besuch der über 150 Museen im Bernerland. Persönliche Gespräche mit der einheimischen Bevölkerung können Ihren Besuch bereichern, können zum besseren gegenseitigen Verständnis führen. Eigentlich ist das ja der tiefere Sinn vom Reisen, vom andere Länder und andere Sitten Kennenlernen. Das wäre wohl auch im Sinn des Weltbürgers Albert Schweitzer, Arzt im afrikanischen Lambarené, Musiker, Theologe und Friedensnobelpreisträger, der sagte: »Das schönste Denkmal, das ein Mensch bekommen kann, steht im Herzen seiner Mitmenschen!«

Der Autor wünscht Ihnen viel Spaß bei der Begegnung mit Ereignissen der Vergangenheit. ›Denk mal – ein Denkmal‹. So zum Beispiel:

- Christoffel – dem Schutzpatron der Reisenden, im Bahnhof Bern
- Holzbrücken-Landschaft im Emmental – bei der größten Holzbogenbrücke Europas, in Hasle bei Burgdorf
- Neugeborenen Register – auf dem Fußweg von der Kirche zum Schloss Laupen

Fritz von Gunten: ›Denk mal – ein Denkmal‹ – Eine Entdeckungstour zu über 170 Denkmälern und 150 Museen und Kulturstätten im Kanton Bern.

TOURIST OFFICE BURGDORF /// BAHNHOFSTRASSE 44 ///
3400 BURGDORF /// (00 41) / 0 58 / 327 50 92 /// WWW.BURGDORF.CH ///

STÄDTISCHES KLEINOD IM EMMENTAL

Burgdorf

45

Kaum in Burgdorf angekommen eröffnen sich Ihnen unzählige Möglichkeiten für Entdeckungen. Nichts wie los zu Fuß oder mit dem Velo, mit dem Auto oder mit der Bahn … Die charmante Stadt mit rund 15.400 Einwohnern ist nicht nur die wirtschaftliche Drehscheibe der Region Emmental, sondern auch das Zentrum einer unglaublichen Vielfalt an kulturellen Einrichtungen, Ausflugsmöglichkeiten, sportlichen Aktivitäten und historischen Sehenswürdigkeiten.

Sie werden staunen, was die kleine Stadt zu bieten hat. Aus welcher Richtung man auch immer in Burgdorf ankommt, die ersten Attraktionen lassen nicht auf sich warten. Vom Zentrum aus sind sämtliche Highlights bequem zu Fuß zu erreichen. Die Begegnungszone, in der sich sämtliche Verkehrsteilnehmer miteinander statt gegeneinander bewegen, führt Sie innert Minuten von den Einkaufsstraßen zu national bedeutenden Museen wie dem Museum Franz Gertsch oder der Ausstellung des international bekannten Eisenplastiker, Bernhard Luginbühl, im alten Schlachthaus. Hier befindet man sich bereits in der wunderschönen, intakten Altstadt mit dem Schloss und seinem Gold-Museum. Die atemberaubende Aussicht auf die emmentalische Landschaftskulisse lohnt sich zu jeder Jahreszeit. Für Liebhaber von Kultur, Musik und Schauspiel wird an fast 365 Tagen im Jahr ein abwechslungsreiches Programm geboten. Verschiedene Lokale veranstalten Kleinkunsttheater, Konzerte, Ausstellungen, Discos und Partys. Die umfassende Gastroszene bietet vor und nach der Unterhaltung die passenden Speisen und Getränke. Wer es lieber ruhig angeht, verbringt seine Freizeit im weitläufigen Naherholungsgebiet rund um Burgdorf. Die große Schützematte, flankiert von den monumentalen Sandstein-Flüe, lädt zum Spazieren, Spielen, Ruhen und Lesen ein. Ein besonderer Ort, der nicht nur Burgdorfer zum Kräftetanken anzieht, bevor sie wieder in den Gassen der Stadt ihren Leidenschaften nachgehen.

Alle zwei Jahre finden in Burgdorf die internationalen Krimitage statt. www.krimitage.ch

Lust auf einen Spaziergang durch Historie und Moderne? Die Dokumentation Rundgang durch die Altstadt finden Sie im Tourist Office oder unter www.burgdorf.ch/tourismus

SENSORIUM IM RÜTTIHUBELBAD /// RÜTTIHUBEL 29 ///
3512 WALKRINGEN /// (00 41) / 0 31 / 700 85 85 ///
WWW.SENSORIUM.CH ///

EINE WELT ZUR ENTFALTUNG DER SINNE

46

Sensorium Rüttihubelbad

Das Rüttihubelbad, einst eines von vielen Kurhäusern in der Region Emmental, ist eine Welt zur Entfaltung Ihrer Sinne. Im Sensorium werden sie an rund 40 Erfahrungsstationen angesprochen und angeregt. Plötzlich bemerken Sie, dass Sie längst vergessen haben, welchen Spaß es macht, durch ein Kaleidoskop zu blicken, wie beeindruckend es ist, wenn sich das Vibrieren eines mächtigen Gongs auf den ganzen Körper überträgt, oder dass uns Gerüche blitzschnell längst vergessen Geglaubtes vor das innere Auge rufen können.

Das Sensorium geht zurück auf den deutschen Handwerker, Philosophen und Künstler Hugo Kükelhaus (1900–1984). Ihm wurde in den Nachkriegsjahrzehnten immer deutlicher bewusst, dass eine alte, noch vom Handwerk geprägte Welt im Begriff war zu versinken und dass die neue zwar viel Bequemlichkeit, Geschwindigkeit und Effizienz, gleichzeitig aber auch eine Entfremdung von den realen Dingen und ihren Phänomenen mit sich bringen kann. Man denke sich, als Beispiel, eine Dorfschmiede, mit dem Feuer in der Esse, dem Klang des Hammers auf dem Amboss und dem Geruch nach verbranntem Horn, wenn einem Pferd das Hufeisen angepasst wurde.

Als Antwort darauf konzipierte Kükelhaus sein Naturkundliches Spielwerk, ein Ensemble an Stationen, die er später Erfahrungsfeld zur Entfaltung der Sinne nennen sollte. Dabei geht es ihm nicht um das naturwissenschaftliche Verstehen, wie es sich Science Centers zur Aufgabe gemacht haben, sondern um das unmittelbare Erleben der Phänomene und ihrer Wirkung auf uns. Im Sensorium im Rüttihubelbad werden die Besucherinnen und Besucher aktiv und erleben dabei ihre Sinne in Aktion. Das Erlebte und Erfahrene kann, ja, soll in den Alltag mitgenommen werden, Farbphänomene beispielsweise gibt es schließlich nicht nur im Farbraum im Sensorium, sondern lassen sich praktisch ununterbrochen am Himmel beobachten.Das Sensorium als Schule des Lebens – mag etwas anspruchsvoll tönen, wer will, kann es aber so sehen!

Geschmacks- und Geruchssinn im Restaurant Rüttihubelbad voll angesprochen. Die Bio-Küche (goût mieux) bereitet täglich wechselnde Gerichte frisch zu und vergisst dabei weder Vegetarier noch Kinder.

HIER SCHRIEB JEREMIAS GOTTHELF WELTLITERATUR

Lützelflüh

›Das Emmental ist ein Hügelland, düster aussehend von weitem, aber lieblich und heimelig in der Nähe …‹ So beschreibt der Dichter-Pfarrer Jeremias Gotthelf seine Umgebung. An anderer Stelle vergleicht er die Region rund um den Napf und entlang der Emme gar mit einem ›Edelstein, aber mit einem ungeschliffenen‹. Und von der Bevölkerung sagt er, sie sei ›ein eigenes Volk, Egoisten, weil sie meist etwas abgesondert wohnen, daher zugleich verschlossen und etwas stolz‹. Emmental und Jeremias Gotthelf, das ist für viele gleichbedeutend.

1854 schrieb Albert Bitzius, Pfarrer in Lützelflüh, dem Berliner Verleger Julius Springer, der damals die Romane publizierte, die Bitzius unter dem Pseudonym Jeremias Gotthelf verfasste: ›Ich freue mich, Ihnen das Emmental zu zeigen, und wie schön es mitten in den Bergen sein kann und wie lieblich, wo man meint, es sei nur Wildnis.‹ Das Emmental und ganz besonders Lützelflüh sollten Sie unbedingt besuchen. Einmal selbst sehen, wo Albert Bitzius (1797–1854) predigte, wo er als Jeremias Gotthelf Weltliteratur schuf. Einmal Menschen und Landschaft entdecken, die Gotthelf zu seinen Werken inspirierten. An den Quellen sein zu den unsterblichen Figuren aus ›Uli der Knecht‹, ›Käserei in der Vehfreude‹ oder ›Geld und Geist‹. 13 große Romane und 75 Erzählungen, die zum Teil in 18 verschiedene Sprachen übersetzt wurden, hat Gotthelf im Pfarrhaus Lützelflüh geschrieben. Hier ist mittlerweile das Gotthelfzentrum entstanden, wo Sie auf vielfältigste Art und Weise Zugang zum Original finden. Sie können den Pfarrgarten mit den Fruchtbäumen bestaunen. Hier blühen zur Sommerzeit seine Lieblingsblumen, die Dahlien. Und im Weiler Waldhaus, 20 Fußminuten vom Pfarrhaus, finden Sie nicht nur ›die schönsten Bauernhäuser der Schweiz, vielleicht der ganzen Welt‹ – Originalton Gotthelf –, hier können Sie im August und September auch die größte Freiland-Dahlien-Schau der Schweiz bestaunen. Einmal abseits vom Stress des Alltags Erholung finden und vielleicht gar Gotthelf lesen. Mit ganz neuen Augen.

Kulturmühle Lützelflüh: Hier finden Kunstausstellungen und Konzerte statt. Im Barockgarten barfuß laufen und die eigenen Sinne aktivieren oder beim Beobachten der zwei Wasserräder die Zeit vergessen. www.kulturmuehle.ch

EMMENTALER SCHAUKÄSEREI AG /// SCHAUKÄSEREISTRASSE 6 ///
3416 AFFOLTERN I. E. /// (00 41) / 0 34 / 435 16 11 ///
WWW.EMMENTALER-SCHAUKAESEREI.CH ///

AM GEBURTSORT DES ORIGINAL EMMENTALER KÄSES

Schaukäserei

48

Endlich erfahren Sie, wie die Löcher in den Käse kommen. In der Emmentaler Schaukäserei vereinigen sich Tradition und Moderne. Hier erleben Sie sowohl die moderne Produktion des berühmten Emmentaler AOC als auch die traditionelle Käseherstellung im Kessi über dem offenen Feuer. Dazu erfahren Sie viel Wissenswertes über Käseproduktion und -lagerung im Wandel der Zeit. Nach dem Rundgang durch Schaukäserei und Ausstellung zieht es die Kleinen auf den Spielplatz, und die Großen lassen sich im Emmentaler-Spezialitäten-Restaurant verwöhnen.

Das kleine Dorf Affoltern liegt auf einer Anhöhe rund 810 Meter über dem Meeresspiegel. Von hier haben Sie einen einmaligen Blick auf die Berner Alpenkette und die Emmentaler Hügelwelt – die Heimat des echten Emmentalers! Im mit Schindeln gedeckten Küherstock aus dem Jahre 1741 wird täglich Käse über offenem Feuer von Hand gefertigt. Wie zu Gotthelfs Zeiten! Auf Voranmeldung können Sie unter kundiger Anleitung eines Käsers ihren eigenen Käse herstellen. Nach fachgerechter Pflege und Lagerung können Sie Ihr Erzeugnis nach etwa vier Monaten abholen und in gemütlicher Runde mit Freunden einen echten Käseteilet veranstalten. Auf dem Areal der Schaukäserei befinden sich zwei weitere historische Käsereigebäude. Im älteren empfängt Sie heute der Duft von frischem Brot und herrlichen Backwaren. Ehemals war hier eine Käserei mit einem Feuerwagen, den Sie heute als Museumsstück bestaunen können. In der alten Dorfkäserei aus dem Jahre 1954 finden Sie eine große Auswahl von Geschenkartikel und Emmentaler Spezialitäten.

Im Hauptgebäude bewegen Sie sich wieder im 21. Jahrhundert. Hier werden täglich etwa 20 Laibe des berühmten Emmentaler AOC hergestellt. Von der Besuchergalerie aus kann das Geschehen in der Käserei direkt mitverfolgt werden. Selbstverständlich erhalten Sie auch eine kompetente Antwort auf die immer wieder gestellte Frage: Wie gelangen die Löcher in den Käse? Im Spezialitäten-Restaurant genießen Sie schließlich eine Käseschnitte, eine goldgelbe Rösti oder andere Emmentaler Köstlichkeiten.

In knapp einer Stunde erreichen Sie auf einer herrlichen Wanderung den Aussichtspunkt Lueg. Hier haben Sie eine Fernsicht auf über hundert Alpengipfel.

Käse

Der Senn wischte mit dem linken Arm eine genügend große Fläche sauber, damit seine Tochter ein Brett mit Alpkäse auf den Tisch stellen konnte. Der Käse leuchtete in hellem Gelb, prahlte im Mund mit feinkörnigem Schmelz und nahm mit süßem Kräutergeschmack für sich ein, bevor er sich am Gaumen mit leichter Schärfe verabschiedete.

So irgendwie wird sie begonnen haben, die Schweizer Käsegeschichte. Genaue Daten gibt es keine, doch der Glarner Schabziger gilt mit einer Erwähnung von 1463 als die älteste Schweizer Marke überhaupt. Geschmeckt hat der mittelalterliche Käse wohl damals etwas anders. Vielleicht ging es in Richtung Sauerkäse, ein in der heutigen Zeit gewöhnungsbedürftiges Produkt, körnig, trocken und reichlich sauer im Mund. Die Herstellung von Käse diente derzeit in erster Linie dem Haltbarmachen der wertvollen Milch von Kühen, die den Sommer über auf den Alpen das schmackhafte Gras und die kräftigen Kräuter fraßen. Denn ausschließlich in den Sömmerungsgebieten konnte Käse entstehen, das jedenfalls glaubte man bis ins 19. Jahrhundert.

Die fertigen Laibe wurden über Jahre hinweg gelagert, gelangten aus den Alpregionen nach Brienz und von dort über die Alpenpässe nach Italien. Davon leitet sich der Name des Sbrinz ab, ein Hartkäse, der mindestens 18 Monate gelagert werden muss (meist ist es aber deutlich mehr), bevor er in den Verkauf kommt. Die Säumerpfade können heute – teilweise noch im originalen Zustand (siehe ViaStoria; ViaSbrinz: www.kulturwege-schweiz.ch) abgewandert werden.

1815 kam es zur Gründung der ersten Talkäserei in Kiesen bei Thun (heute Milchwirtschaftliches Museum; www.museumkiesen.ch). Wer sich für die Pionierzeit der Käsereien interessiert, sei auf den vergnüglichen Roman von Jeremias Gotthelf verwiesen: ›Die Käserei in der Vehfreude‹ (1850). Im östlichen Teil des Bernbiets etablierte sich der Emmentaler, im westlichen und hauptsächlich im Kanton Fribourg der Greyerzer, und in den Sömmerungsgebieten der Berner Alpkäse. Alle drei sind AOC-Käse und unterstehen strengen Produktionsbedingungen. Es sind Hartkäse, die aus roher Milch von Kühen bestehen, die kein Silofutter gefressen haben. Hartkäse kommen zuerst in ein Salzwasserbad, bei der Reifung werden sie nur gereinigt (und nicht beispielsweise geschmiert).

Der Emmentaler wird mit speziellen Propionsäurebakterien versetzt, die während der Gärung für das Entstehen der Löcher verantwortlich sind. Für die Herstellung eines Laibs benötigt man etwa 1.000 Liter Milch, und er wiegt 90–110 Kilogramm. Seine in der Jugend gummiartige Konsistenz mit dem feinen Milch- und Nussgeschmack verändert sich mit zunehmender Lagerung zu einem festen Laib, der nach etwa zwölf Monaten Salzkristalle in den Löchern ablagert, sogenannte Salztränen. Am besten kann man das in der Schaukäserei Affoltern beobachten (www.showdairy.ch).

Der Greyerzer-Laib ist wesentlich kleiner (um 40 Kilogramm) und besteht aus einem geschmeidigen, kompakten Laib ohne Löcher. Der Geschmack ist in der Jugend süßlich-salzig, je älter, desto kräftiger und salziger im Mund, der Teig trocknet leicht aus. Die Schaukäserei Pringy bei Greyerz/Gruyères zeigt die Herstellung und bietet Käse zum Degustieren an (www.lamaisondugruyere.ch).

Alpkäse darf nur im Sommer in den Sömmerungsgebieten selbst hergestellt werden (Achtung: Bergkäse nennt man Produkte aus Milch aus den Bergregionen, die aber im Tal verkäst wird). Er schmeckt je nach Alp anders, gemeinsam ist ihm ein eher kräftiges Kräuteraroma, manchmal auch eine gewisse Säure. Alpkäse ist ein handwerkliches Edelprodukt mit einer Fettsäurezusammensetzung, die derjenigen von Meeresfrüchten entspricht (Omega-Fettsäuren). In den Alpregionen ist er relativ günstig zu haben, bis nach Bern verdoppelt sich sein Preis beinahe.

Neben diesen traditionellen Käsen haben in den letzten Jahren die meisten Käser neue Produkte entwickelt, sodass wir heute über eine nie gekannte Vielfalt von mehreren hundert Käsesorten verfügen. Einige davon sind Hartkäse, meist aber sind es geschmackvolle Halbhartkäse (verkauft nach circa drei Monaten Reifung) und einige Frischkäse. Besonders empfehlenswert in der Region:

- Büffelmozzarella aus Schangnau: Büffel- und Kuhmilchspezialitäten (www.kaeserei-schangnau.ch)
- Molkerei Schönried bei Gstaad: Alpkäse und verschiedene Eigenkreationen (www.bergmolkerei.ch)
- Chäserei Fritzehuus bei Wasen im Emmental: mit seinem Greyerzer der Käseweltmeister 2008 (www.kaeserei-fritzenhaus.ch)
- Chäsbueb: neben dem Zytglogge gelegenes Geschäft mit auserlesenem Angebot (www.chaesbueb.ch) – Guten Appetit!

LANGNAU-TOURISMUS /// 3550 LANGNAU I. E. ///
(00 41) / 0 34 / 402 42 52 /// WWW.LANGNAU-TOURISMUS.CH ///

IM HERZEN DER SCHWEIZ

Langnau im Emmental

49

Langnau im Emmental liegt geografisch im Herzen der Schweiz, zwischen Bern und Luzern, Burgdorf und Thun. Es ist bekannt als Zentrum des Emmentaler Käses. Zwar prägen stattliche Gewerbe- und Gasthäuser das Dorfbild, Langnau ist aber schon längst das moderne Handels-, Gewerbe- und Dienstleistungszentrum in der verträumten Hügellandschaft. Zur Winterzeit steht die Ilfis-Eishalle mit ihren Tigers im Fokus der nationalen Eishockey-Meisterschaft.

Das lebendige und vielfältige Dorf mitten im Emmental ist das Zentrum der Region und beliebter Ausgangsort für Entdeckungsreisen in die Natur. Wanderer und Pferdesportfreunde finden hier ebenso ideale Bedingungen vor wie Bikerinnen oder Nordic-Walker. Die breiten Hügelrücken bieten immer wieder grandiose Aussichtpunkte auf die Alpen, das Mittelland und den Jura. Das Regionalmuseum, auch Chüechlihus genannt, wurde um 1526 erbaut und ist das älteste weitgehend original erhaltene Gebäude der Region. Die Ausstellung spiegelt ein realistisches Bild des regionalen Lebens in den vergangenen Jahrhunderten wider (www.regionalmuseum-langnau.ch). Legendär sind die Jahrmärkte. Das Dorf erhielt 1467 das Marktrecht, was auf die Wichtigkeit als Zentrum der Region schon im späten Mittelalter hinweist. Der traditionelle Markt findet sechs Mal jährlich statt und gilt als Treffpunkt der heimischen Bevölkerung und vieler Heimweh-Langnauer.

Beliebtestes Ausflugsziel ist eine Wanderung auf den Hausberg Langnaus, die Lüderenalp (1.141 Meter über Meer). Von hier aus genießen Sie eine außerordentlich schöne Rundsicht in Richtung Berner Alpen und Jura. Weit herum bekannt ist die jährliche Lüderen-Chilbi mit Schwinget, die jeweils am zweiten Sonntag im August stattfindet. Im Volksmund heißt es, der letzte Heimkehrer der Lüderen-Chilbi trage den Herbst auf dem Rücken! Langnau hat auch ein reiches Kulturangebot mit internationaler Ausstrahlung: allen voran die jährlich Ende Juli stattfindenden Jazz Nights (www.jazz-nights.ch) oder das Cartoon Festival (www.cartoonfestival.ch), das alle drei Jahre von sich reden macht.

Eine Wanderung Ilfis aufwärts nach Trubschachen ins Kambly-Erlebnis oder in die Emmentaler Schautöpferei. Ilfis abwärts zur größten Holzbogenspann-Brücke Europas in Hasle-Rüegsau.

KAMBLY ERLEBNIS /// MÜHLESTRASSE 8 /// 3555 TRUBSCHACHEN /// (00 41) / 0 34 / 495 02 22 /// WWW.KAMBLY.CH /// MONTAG – FREITAG 08.30 – 19 UHR /// SAMSTAG UND SONNTAG 08.30 – 17 UHR ///

AUF DEM ROTEN TEPPICH DIREKT INS KAMBLY-ERLEBNIS

Kambly

50

Entdecken Sie an einem alle Sinne ansprechenden Begegnungsort die Geheimnisse der Feingebäck-Kunst. Gestalten und backen Sie Ihre eigenen Kreationen unter kundiger Anleitung der Maîtres Confiseurs. Erkunden Sie die Welt von Kambly, lassen Sie sich verwöhnen und erleben Sie Momente der Freude. Genießen Sie in Trubschachen das Kambly-Erlebnis, mitten im Emmental, im Herzen der Schweiz.

Sie verlassen den Hauptbahnhof Bern mit dem Original-Kambly-Zug, tauchen ein in die Hügellandschaft des Emmentals und erreichen nach einer guten halben Stunde Trubschachen. Beim Aussteigen ist bereits der rote Teppich ausgerollt. Sie schreiten – wie sonst nur gekrönte Häupter oder Staatschefs – auf dem Geschichtspfad durch die jahrhundertealte Backwarengeschichte zum Kambly-Erlebnis. Im Knusperhäuschen in der ersten Kambly-Backstube, die ursprungsgetreu nachgebaut worden ist, begegnen Sie dem jungen Oscar Kambly I., wie er nach dem Originalrezept seiner Großmutter Bretzeli bäckt, immer wieder Neues entwickelt und sich auf den Weg macht, Kambly in der ganzen Schweiz bekannt zu machen. Mit Licht und Ton werden Sie durch die ganze Geschichte geführt bis ans Fenster der Zukunft.

In der modern eingerichteten Kambly-Confiserie schauen Sie den Maîtres Confiseurs über die Schultern (Dienstag–Sonntag, 10–12 und 14–16 Uhr). Auf Voranmeldung können Sie unter kundiger Anleitung Ihre eigenen Kreationen backen: ›Selber backen‹ gibt es für Kinder und Jugendliche jeden Mittwoch- und Samstagnachmittag von 14.20 bis 16.20 Uhr, ›Kreativ Backen‹ für Gruppen und Familien am Dienstag, Donnerstag und Freitag. Krönen Sie Ihren Besuch im Kambly-Fabrikladen mit dem Genuss Ihrer liebsten Guetzlisorten. Aufgepasst: Das Angebot umfasst 100 Sorten.

In Trubschachen lohnt sich auch ein Besuch in der Emmentaler Schautöpferei (www.aebi-keramik.ch) sowie im Museum Hasenlehn (www.stiftung-hasenlehn.ch) oder im Seilerei-Museum (www.jakob.ch).

Das ermäßigte RailAway-Kombiangebot für das Kambly-Erlebnis – erhältlich an jedem Bahnschalter der Schweiz – bringt Sie sieben Tage die Woche nach Trubschachen.

GRENZPFAD NAPFBERGLAND /// WWW.GRENZPFAD.CH ///

NAPFGOLD, BERGMÄNNCHEN UND DÜSTERE GESCHICHTEN

Napfbergland

51

Folgen Sie dem Ruf der Stille. Er kommt aus dem Herzen der Schweiz – aus dem Napfbergland. In seiner wildromantischen Urlandschaft können Sie wandern, die Seele baumeln lassen, die Grenzen des Alltags überwinden. In dieser sagenumwobenen Gegend können Sie gar Goldwaschen. Goldblättchen aus dem Napfgebiet haben die weltweit höchste Feinheit. Gründe genug, diese voralpine Gegend zu besuchen. Hier erzählt man sich noch wilde Sagengeschichten. Vielleicht treffen Sie ja auf Bergmännchen, Feen oder gar einen Riesen.

Den Rückgrat des Grenzpfades Napfbergland bildet ein durchgehender Wanderweg von der barocken Anlage des ehemaligen Klosters St. Urban bei Langenthal bis zum Brienzer Rothorn auf 2.350 Metern. Die 85 Kilometer lange Strecke kann in fünf bis neun Tagen erwandert werden. Viele Einzeletappen sind mit dem öffentlichen Verkehr von Bern aus gut erreichbar und eignen sich sehr für Tagesausflüge. Auf dem Grenzpfad Napfbergland bewegen Sie sich gleichsam auf der Kulturgrenze der West- und Zentralschweiz. Viele historische Gebäude und Ortskerne lohnen einen Besuch. Unterwegs durchqueren Sie Wässermatten, die im 13. Jahrhundert von Mönchen als Wässersystem eingerichtet worden und heute wieder reaktiviert sind. Sie wandern durch das erste UNESCO Biosphären-Reservat mit dem größten Moorgebiet der Schweiz. Abenteurer versuchen ihr Glück beim Goldwaschen. Das berühmte Napfgold ist im Laufe von Jahrmillionen aus längst wegerodierten Gipfeln der Alpen hierher transportiert worden. Für gute Bikefahrer ist das Napfbergland geradezu ein Eldorado. Der Grenzpfad Napfbergland ist eine Perlenkette von Freizeit- und Erlebnismöglichkeiten. Mag es da noch erstaunen, dass diese ursprüngliche Gegend Nährboden für viele Sagen ist. Vielleicht finden Sie ja den goldenen Baumstamm im Napf, sind der Erlöser oder die Erlöserin der verwunschenen Jungfrau an der Schrattenfluh oder treffen auf den Riesen im Enziloch. Mehr über Sagen finden Sie im Buch ›Sagenhaftes Emmental‹ von Fritz von Gunten.

Besuchen Sie im Hüttengraben, hinter Fankhaus im Trub, das einzige zugängliche Täuferversteck der Schweiz mit einer Ausstellung zur Geschichte der Täufer und über Schicksale der Mennoniten und Amish-People. www.taeuferversteck.ch

FAMILIE INVERNIZZI /// KEMMERIBODEN-BAD /// 6197 SCHANGNAU ///
(00 41) / 0 34 / 493 77 77 /// WWW.KEMMERIBODEN.CH ///

GENUSS UND SINNLICHKEIT AN DER QUELLE

Kemmeriboden-Bad

9/11

Das Kemmeriboden-Bad liegt im wildromantischen Quellgebiet der jungen Emme, jenem Fluss der der ganzen Region ihren Namen gibt: Emmental. Seit 1834 und mittlerweile in der sechsten Generation wird Gastfreundschaft, kulinarischer Hochgenuss und Sinnlichkeit im Einklang mit Mensch, Tier und Umwelt gelebt. Das Kemmeriboden-Bad ist ein ganz spezieller Kraftort zu allen Jahreszeiten.

Mit Zug und Postauto erreichen Sie das vermeintliche Ende der Welt, das Kemmeriboden-Bad, vom Bahnhof Bern aus in etwas mehr als einer Stunde. Durch die grüne Hügelwelt des Emmentals, vorbei an schmucken Bauernhäusern, gelangen Sie zu Füßen der Bergzüge Hohgant und Schrattenfluh ins geografische Zentrum der Schweiz. Hier fühlen Sie sich im wortwörtlichen Sinne im Herzen der Schweiz. Das traditionsreiche Haus beeindruckt durch die geschickte Mischung aus alter Holzfassade, zeitgemäßen Inneneinrichtungen und vor allem durch das vielfältige kulinarische Angebot von vornehmlich regionalen Produkten. Speziell ist hier der Büffelmozzarella! Eine Vielzahl von sportlichen Möglichkeiten lassen Ihren Aufenthalt sowohl im Sommer wie im Winter zum unvergesslichen Erlebnis werden: Elektrobikes, Canyoning, Schneeschuhtouren, Ski-Langlauf oder alpines Skifahren. Im Sommer und Herbst ist eine Wanderung vom nahe gelegenen Marbachegg, das bequem mit der Luftseilbahn von Marbach aus erreicht werden kann, ein Muss. Der Ausblick auf die schneebedeckten Berneralpen und die hügelige Emmentaler-Landschaft bleibt unauslöschlich in Ihrer Erinnerung haften. Bei der Rückkehr ins Hotel können Sie sich unter dem freien Himmel im warmen, sprudelnden Wasser des Hotpot entspannen. Aber auch Ruhe und Ausgeglichenheit kennzeichnen diesen Ort. Tradition, Komfort und der authentische Charakter bilden ein harmonisches Gesamtbild. Ein idealer Ort, um abzuschalten und neue Energie zu tanken.

Alljährlich findet im August der traditionelle Kemmeriboden-Schwinget statt. Hier geben sich starke Männer die Hand zum sportlichen Zweikampf im Sägemehl.

Mindestens einmal im Leben muss man hier gewesen sein und eine Kemmeriboden-Merängge mit Nidle genossen haben. Neudeutsch würde man sagen, sie sei Kult – im Kemmeriboden-Bad spricht man von Tradition!

TROPISCHE INSEL ZU FÜSSEN DER BERNER HOCHALPEN

Tropenhaus Frutigen

52

Der Bau des Eisenbahn-Basistunnels durch den Lötschberg (Bern–Wallis) hat ein interessantes Nebenprodukt ermöglicht: Ein Paradies in Frutigen – das Tropenhaus. Es nimmt im Alpenraum die führende Rolle in der Nutzung erneuerbarer Energien ein und ist gleichsam die erste alpine Kaviarzucht. Nebenan werden tropische Früchte und Gewürze geerntet. Zudem gilt es als Kompetenzzentrum für Geologie und Geothermie.

Das Tropenhaus Frutigen ist ein attraktives Ausflugsziel, das Erholung, Wissensvermittlung und Genuss bietet. Geothermie, erneuerbare Energie, Aquakultur und nachhaltige Nahrungsproduktion sind Themen, unter einem Dach vereint und in einem informativen Rundgang erlebbar. Tropische Fruchtbäume wie Bananen und Mango, aber auch exotische Blumen gedeihen unter idealen Bedingungen. In den Wasserbecken schwimmen imposante Störe verschiedenster Größen. Das zukunftsweisende Energiekonzept nutzt Erdwärme aus dem Lötschberg Tunnel, Sonne, Wasser und Biomasse als Energiequellen optimal. Mit seiner speziellen Atmosphäre und mit modernen Architektur bildet das Tropenhaus einen idealen Rahmen für Veranstaltungen aller Art. Das Tropenhaus Frutigen gilt als Pionier auf dem Gebiet der Fischzucht in landbasierten Aquakulturen. Die Jahresproduktion des delikaten Störfleisches beträgt 18 Tonnen. Mit der Kaviarproduktion eröffnet das Tropenhaus ein neues Kapitel in der Geschichte der Delikatessen. Der Rundgang durch die Gewächshäuser begeistert und erstaunt mit der Vielzahl an Früchten, Gewürzen und exotischen Pflanzen. Ein ideales Ausflugsziel für Familien mit Kindern.

Frutigen ist im Sommer stets Ausgangspunkt für viele schöne Bergwanderungen, und im Winter bietet das Nachbardorf Adelboden eine Fülle wunderbarer Skipisten. Adelboden ist Austragungsort des schwierigsten Weltcup-Riesenslaloms im internationalen Winter-Skizirkus.

Bergkäse und Kaviar. Im Tropenhaus produzierte Früchte und Störfleisch sowie regionale Produkte werden von der Küchenbrigade (13 Punkte GaultMillau) zubereitet und in den hauseigenen Restaurants ›Terrasserie‹ und ›Esturgeon‹ serviert.

SCHWEIZERISCHES FREILICHTMUSEUM BALLENBERG ///
MUSEUMSSTRASSE 131 /// 3858 HOFSTETTEN BEI BRIENZ ///
(00 41) / 0 33 / 952 10 30 /// WWW.BALLENBERG.CH ///
GEÖFFNET MITTE APRIL – 31. OKTOBER ///

DIE SCHWEIZ – WIE SIE WAR UND WIE SIE IST, AUF SCHRITT UND TRITT

Ballenberg

53

Auf dem Ballenberg treffen Sie auf die Schweiz pur. Mit mehr als hundert originalen, jahrhundertealten Gebäuden aus allen Landesteilen, mit über 250 einheimischen Bauernhoftieren, regionstypischen Gärten sowie zahlreichen Demonstrationen von traditionellem Handwerk blüht die Vergangenheit auf und wird zum Erlebnis. Reservieren Sie sich einen Tag für den Ballenberg. Einzigartig.

Das Freilichtmuseum Ballenberg, oberhalb des Brienzersees und inmitten herrlicher Bergwiesen und Wälder gelegen, vermittelt Einblick in die Geschichte der Schweiz und gehört mit seinem einmaligen und unverwechselbaren Angebot zu den beliebtesten Ausflugszielen. Auf dem 660.000 Quadratmeter umfassenden, natürlichen Gelände können mehr als hundert traditionelle Bauten besichtigt werden. Ballenberg zeigt, wie die ländliche Bevölkerung früher gewohnt, gearbeitet und ihr Brauchtum gepflegt hat. Auf dem Ballenberg häufen sich keine verstaubten Museumsstücke. Es findet eine einzigartige Gegenüberstellung zwischen dem Gestern und dem Heute statt. Hier steht: Betreten erlaubt. Der Augenschein ist erwünscht. Stuben, Küchen und Schlafkammern sind original eingerichtet und laden zum Entdecken traditioneller Wohnformen und Arbeitsweisen ein.

Die Stiftung Schweizerisches Freilichtmuseum Ballenberg wurde mit Unterstützung der Eidgenossenschaft und des Kantons Bern im Sommer 1968 ins Leben gerufen. Nach zehnjähriger, aufwändiger Aufbauarbeit konnte das Museum 1978 mit 16 Objekten eröffnet werden, und seither ist das parkähnliche Gelände durch zahlreiche weitere ländliche Bauten kontinuierlich bereichert worden. Das nach wissenschaftlichen und denkmalpflegerischen Grundsätzen geführte Freilichtmuseum Ballenberg präsentiert heute historische Objekte aus den meisten Kantonen und ist das einzige Freilichtmuseum für ländliche Kultur in der Schweiz.

Mitte April bis Ende Oktober: Mehr als 30 Handwerksdemonstrationen auf dem Gelände. Davon täglich: Backen, Holzschnitzen, Kochen, Sägen, Weben.

AUF DEN SPUREN VON SHERLOCK HOLMES

Meiringen

In Meiringen treffen Sie ab und zu auf den ältesten Haslitaler, den Föhn. Sie werden aber vor allem vom alpinen Charme, der Vielzahl berühmter Naturschönheiten, den gelebten Traditionen sowie vom attraktiven Wander-, Kletter- und Bikegebiet begeistert sein. All diese Besonderheiten prägen den Charakter der Region Haslital im Berner Oberland. Am Startpunkt der drei Alpenpässe Brünig, Grimsel und Susten wartet eine Vielfalt an Sehenswürdigkeiten und Erlebnisangeboten auf Sie.

Das Element Wasser hat die atemberaubenden, zum Teil wildromantischen, dann aber wieder märchenhaften Ausflugsziele im Haslital schon immer beeinflusst. Aus beeindruckender Höhe stürzt das Wasser beim Reichenbachfall in die Tiefe. Eine Standseilbahn hievt Sie hoch zur Aussichtsplattform über diesem imposanten Wasserfall. Sozusagen an den Tatort, wo internationale Kriminalgeschichte geschrieben wurde. Machen Sie Bekanntschaft mit Sherlock Holmes. Hier hat er bei seinem finalen Kampf mit James Moriarty den vermeintlichen Tod gefunden. Im Sherlock-Holmes-Museum in Meiringen lässt sich das Duell der Kontrahenten mit vielen historischen Objekten und interessanten Literaturdokumenten nachvollziehen.

Wasser, der Energielieferant. In der Haslitaler Bergwelt stoßen Sie auf eine der eindrücklichsten Quellenlandschaften Europas. Auf die natürlichen (Gletscher) und die künstlichen (Stauseen) Wasserspeicher der Grimselwelt. Ein absolutes Muss ist der Besuch der Aareschlucht bei Innertkirchen. Ein Abstecher auf der kurvenreichen Bergstraße zur Gletscherschlucht auf der Rosenlaui führt Sie dorthin, wo vor über 230 Jahren bereits Goethe, Tolstoi und Nietzsche kaum aus dem Staunen kamen.

Wesentlich ruhiger und gemächlicher geht's entlang des Zwergenweges, dem Munggestutz, einem Eldorado für Kinder und alle Jugendlichgebliebenen. Eine Wanderung auf der Mägisalp oder ein Ausflug auf die Axalp bringt Sie in jene Gegend, wo Sie auf Augenhöhe mit der Alpenwelt und dem ewigen Schnee sind.

☞ Erkunden Sie das Haslital während der Sommersaison umweltfreundlich mit einem FLYER-Elektrovelo oder einem Elektroauto von Alpmobil. Zu mieten an der Tourist Information Meiringen.

GRANDHOTEL GIESSBACH /// 3855 BRIENZ ///
(00 41) / 0 33 / 952 25 25 /// WWW.GIESSBACH.CH ///
GEÖFFNET MITTE APRIL – MITTE OKTOBER ///
IM WINTER FÜR GESELLSCHAFTEN AUF ANFRAGE ///

DAS MÄRCHENSCHLOSS AM TOBENDEN WASSERFALL

Hotel Giessbach

10/11

Die Giessbach-Wasserfälle und das in der Waldlichtung gelegene verträumte Märchenhotel Giessbach gehören zu den schönsten und kraftvollsten Stätten der Schweiz. Viel besungen oder festgehalten auf mancher Staffelei. Hier treffen Sie auf eine besondere Welt – umgeben von Alpwiesen, Wäldern, zu Füßen der Berner Alpen und mit atemberaubendem Blick auf die schäumenden Wasserfälle, die wild tobend in den Brienzersee stürzen.

Wie ein romantisches Märchenschloss wirkt das historische Grandhotel Giessbach. Das Viersternehotel aus der Belle Epoque führt zurück in die Vergangenheit, entspricht aber zugleich den hohen Erwartungen des modernen Gastes. Die imposanteste Anreise führt mit dem Schiff von Interlaken her zur hoteleigenen Schiffsstation. Nach wenigen Schritten besteigen Sie die 130-jährige Standseilbahn, die Sie zum Hotel bringt. Auf den wenigen Metern geraten Sie erst einmal ins Staunen. Ihnen zu Füßen tobt das Wasser vom Giessbachfall in den See. Vor Ihnen offenbart sich eine attraktive Zeugin der Vergangenheit: Selbstbewusst und anmutig wirkt die im Jahr 1873 erbaute Hotelresidenz mit ihren schmucken Türmchen, Balkonen und der großzügigen Sonnenterrasse. Hier scheinen Sehnsucht und Traum ineinanderzufließen. Lassen Sie sich kulinarisch verwöhnen: Gepflegt und klassisch im Parkrestaurant Les Cascades gegenüber den Wasserfällen. Exquisit im kleinen Gourmet-Restaurant Le Tapis Rouge zur Seeseite, das für 40 Personen Platz bietet.

Krönen Sie Ihren Ausflug zum Giessbach Hotel mit einer Wanderung entlang des Uferwegs nach Iseltwald. Direkt am See gelangen Sie in rund zwei Stunden in das idyllische Fischerdörfchen am Brienzersee. Auf dem gegenüberliegenden Seeufer laden das Schnitzler-Dorf Brienz, das Brienzer-Rothorn (Dampfbahn) oder das Freilichtmuseum Ballenberg zum Besuch ein.

Im Sommer verkehrt auf dem Brienzersee das beinahe 100 Jahre alte Dampfschiff Lötschberg mit seinem riesigen Antriebsrad und der nostalgischen Inneneinrichtung. Fahrplan: www.bls.ch

EIN JUWEL UNTER DEN BERGSEEN

Oeschinensee

55

Der Oeschinensee liegt oberhalb von Kandersteg, das mit dem Zug oder Auto in einer Stunde von Bern aus zu erreichen ist. Vom Bahnhof geht es knapp einen Kilometer bis zur Talstation der Gondelbahn, die auf etwa 1.650 Meter hinauffährt. Von dort führen verschiedene Wege zum Oeschinensee hinunter, der auf 1.578 Meter in einem Talkessel liegt, gebildet von den Abhängen der Bire rechts, im Hintergrund von der Wilden Frau, dem berühmten Blüemlisalphorn (3.663 Meter), und rechts vom Fründen- und Doldenhorn. Der See selbst ist circa 1,5 Kilometer lang und einen Kilometer breit.

Im Sommer kann man natürlich den Weg zum Oeschinensee von Kander-steg aus unter die Füße nehmen. Bequemer ist es aber von der Bergstation der Gondelbahn her. Sofern man sich nur zum See und nicht weiter hinauf in die Berge begibt, genügen rutschfeste und trittsichere Schuhe. Der breite, gerade Weg, auf dem man möglicherweise einer Pferdekutsche begegnet, bringt einen direkt zum Hotel-Restaurant Oeschinensee, wo auch Ruderboote zu mieten sind.

Wenn man nach 200 Metern links abzweigt und den höher gelegenen Weg nimmt, erreicht man in 15 Minuten eine gegen den See hin abfallende Wiese, ein beliebter Picknickplatz. Erst jetzt beglückt einen der unvergleichliche Anblick, den dieses Juwel unter den Bergseen mit seinem tiefblauen Wasser bietet. Eingeschlossen von Berggipfeln, die sich fast 2.000 Meter hoch türmen, liegt der See freundlich und doch irgendwie bedrohlich vor einem. Bald schweift der Blick auf die über mehrere hundert Meter senkrecht abstürzende Felswand am hinteren Ufer. Dort zieht sich die legendäre Fründenschnur quer durch, ein schmales Band mitten im Fels. Ich gestehe, obwohl es mich öfter gelüstet hat, habe ich mich nie auf diesen exponierten Weg getraut.

Wer weniger auf Alphütten, Kühe und Ziegen steht, möchte vielleicht im Winter dem gefrorenen See einen Besuch abstatten. Es muss ja nicht gerade zum Eisfischen sein. Es darf sich auch um eine kurze Winterwanderung zum Restaurant am See handeln, wo man sich mit einem Glühwein oder einem Sennen-Zvieri für den Rückweg stärken kann.

GRAND HOTEL
VICTORIA
INTERLAKEN TOURISMUS /// HÖHEWEG 37 /// 3800 INTERLAKEN ///
INFORMATION (00 41) / 0 33 / 826 53 00 ///
RESERVATION (00 41) / 0 33 / 826 53 01 /// WWW.INTERLAKEN.CH ///

STADT ZWISCHEN FELS UND WASSER

Interlaken

56

Das heute geschlossene Siedlungsgebiet von Interlaken hat sich aus vier Teilen gebildet: Unterseen (1297 gegründet), das von der Entwicklung links liegen gelassen wurde und deshalb noch eine gewisse spätmittelalterliche Bausubstanz aufweist; dem Marktort Aarmühle auf der linken Aareseite; dem ehemaligen Kloster Interlaken sowie dem ursprünglichen Bauerndorf Matten. Wie es der Name schon sagt, liegt die Ortschaft auf dem Bödeli zwischen Brienzer- und Thunersee und ist umgeben von mehreren Bergrücken.

Setzen Sie sich unbedingt auf die linke Seite, wenn Sie im Zug von Bern nach Interlaken unterwegs sind. Kurz vor dem Bahnhof Thun begrüßt Sie ein verwittertes Signet der ›Gerber Käse‹, ehemals Produzentin des Gala-Frischkäses, ein Sehnsuchtsprodukt aus der Jugendzeit, dessen angenehme Säure heute noch auf der Zunge liegt. Bald begleitet Sie das Kobaltblau der gekräuselten Wellen, die im Föhnsturm ungestüm gegen die Ufer peitschen können. Goldene Herbstblätter, frisch verschneite Berggipfel, Felsen bis fast ans Wasser hinunter. Kaltschwarze Bergflanken rechts vom Zug, links auf der gegenüberliegenden Seeseite der Einschnitt des Justistals.

Interlaken kennt zwei Bahnhöfe: West mit den Verbindungen zum Thunersee und in die Innenstadt sowie zu den Sonnenstuben Habkern und Beatenberg, Ost als Tor zum Brienzersee, mit Bahnlinien nach Brienz–Luzern oder nach Grindelwald und Lauterbrunnen mit der Fortsetzung auf die Kleine Scheidegg und aufs Jungfraujoch, den höchstgelegenen Bahnhof Europas (auf 3.545 Metern – www.jungfraujoch.ch).

Sie merken, worauf ich hinauswill. Interlaken besitzt zwar viele Hotels – einzelne davon wahre Prachtbauten – und eine Einkaufsmeile, aber wenig Charme, abgesehen von der traumhaften Lage mit den unterschiedlichsten Licht- und Farbspielen. Man sehnt sich geradezu auf den See oder in die Höhe, zum Beispiel mit einer der Standseilbahnen auf den Harder oder die Heimwehfluh.

Wenn Sie für einen spektakulären Ausflug einen ganzen Tag Zeit haben, fahren Sie ins Lauterbrunnental zu den Trümmelbachfällen (www.truemmelbachfaelle.ch). Diese Wasserfälle haben sich auf Dutzenden von Metern in den Fels hineingefressen.

THUNERSEE TOURISMUS /// POSTFACH 2611 /// 3601 THUN ///
(00 41) / 08 42 / 84 21 11 /// WWW.THUNERSEE.CH ///

THUN IST SCHÖN – NICHTS TUN NOCH SCHÖNER. AM SCHÖNSTEN IST'S AM THUNERSEE NICHTS ZU TUN

Thunersee Schlösser

57

Wer ein Sonnenbad am See genießen will, ist hier richtig. In, an und auf dem Wasser kann der Ferienhungrige sich ausgiebig betätigen oder dem süßen Nichtstun frönen. Hier bläst der Wind in die Segel, dort schwimmen Fische vor der Nase, bisweilen zappeln sie an der Angel. Zwischendurch klettert der Himmelstürmer am Felsen in die Höhe und schwebt mit dem Gleitschirm in die Tiefe. Am kristallklaren See stehen Zeugen mittelalterlicher Baukunst Spalier und es tuckert ein Raddampfer vorbei.

Die Region Thunersee bietet Ihnen eine Kombination von städtischem Charme und Naturerlebnis. Am Vormittag flanieren Sie durch die malerische Altstadt von Thun, am Nachmittag tauchen Sie in eine zauberhafte Bergwelt ein. Liebliche Hügel, aber auch schroffe Gipfel umgeben den Thunersee. Das Gebiet eignet sich zum Wandern und Velofahren. Wer es bequem mag, fährt mit der Bergbahn auf einen der Aussichtsberge: Niesen, Stockhorn oder Niederhorn. Die glitzernde Weite des Sees lädt zu Entdeckungen am Wasser ein. Sportbegeisterte kommen hier ebenso auf ihre Kosten wie Ausflügler, die eine entspannende Schifffahrt genießen. Auf einer der schönsten Seebühnen Europas werden jeden Sommer bewegende Musicals aufgeführt. Zum Thunersee-Gebiet gehören zudem schmucke, von traditionellen Holzbauten geprägte Dörfer am See und in der Höhe. Sie entsprechen dem typischen Charakter der ganzen Region Berner Oberland.

Die Region Thunersee besticht auch durch ihr vielfältiges Kulturangebot. Tauchen Sie ein in die Welt der lokalen Museen mit Ausstellungen, die Ihnen Land und Leute, Brauchtum und Lebensgewohnheiten näher bringen. Sagenumwobene Burgen, mittelalterliche Kirchen und die Höhlensiedlung vom heiligen Sankt Beatus versetzen Sie ins Staunen! Die fünf prächtigen Schlösser Oberhofen, Hünegg, Thun, Schadau und Spiez mit großzügigen Parkanlagen werden Sie begeistern. Das Innere eines jeden Schlosses führt Sie auf eine spannende Reise in das Leben früherer Zeiten.

Museumspaß Thunersee: Die Eintrittskarte für Ihr Kulturerlebnis am Thunersee. Unbegrenzter Zutritt in zwölf verschiedene Museen am Thunersee – und dies während einer ganzen Saison.

NIEDERHORNBAHN AG /// (00 41) / 0 33 / 841 08 41 ///
WWW.NIEDERHORN.CH ///

NIESENBAHN AG /// (00 41) / 0 33 / 676 77 11 /// WWW.NIESEN.CH ///
STOCKHORNBAHN AG /// (00 41) / 0 33 / 681 21 81 ///
WWW.STOCKHORN.CH ///

DIE QUAL DER WAHL

Niesen, Stockhorn, Niederhorn

58

Rund um den Thunersee wetteifern drei bekannte Ausflugsberge mit traumhafter Aussicht um die Gunst ihrer Gäste. Niesen (2.362 Meter), Stockhorn (2.190 Meter) und Niederhorn (1.935 Meter) heißen sie. Alle drei belohnen ihre Besucher mit einer einmalig prächtigen 360-Grad-Panorama-Rundsicht auf den Thunersee, die Berner Alpen, das Mittelland bis hin zum Jura und Schwarzwald. Alle sind sowohl zu Fuß als auch bequem mit einer Bergbahn erreichbar. Aus dem Wettstreit der Bahnbetreiber ist eine Partnerschaft mit einem einheitlichen Ausflugsticket geworden.

Die Niesen-Standseilbahn feierte 2010 ihren 100. Geburtstag. Sie überwindet von Mülenen bis zum Gipfel 1.643 Meter Höhenunterschied und weist eine maximale Steigung von 68 Prozent auf. Die Fahrzeit dauert 30 Minuten. Zu Fuß, je nach Ausgangsort, braucht man zwischen fünf und sechs Stunden und eine gute Bergwanderausrüstung! Einmal im Jahr findet gar ein Treppen-Wettrennen auf Zeit über die 11.674 Stufen statt. Die Pyramidenform des Niesens hat schon manchen Künstler dazu verleitet, ihn mit Bleistift oder Pinsel zu verewigen.

Der zweite im Bunde, das Stockhorn, ist von Erlenbach aus bequem mit der Luftseilbahn erreichbar. Zu Fuß dauert der Aufstieg rund fünf Stunden. Auf halbem Weg am Hinter- und Oberstockensee kommen passionierte Angler auf ihre Kosten. Die idyllischen Bergseen sind reich an Regenbogenforellen. Mutige – Anfänger und Profis – schätzen den Klettergarten mit Routen der Schwierigkeitsgrade zwei bis sieben. Im Gipfelrestaurant genießen Sie regionale Spezialitäten.

Auf der nördlichen Seite des Thunersees begrüßt Sie schließlich das Niederhorn. Erreichbar mit der Standseilbahn ab Beatenbucht direkt am See oder von der Zwischenstation auf dem Beatenberg mit der Gondelbahn. Das Niederhorn ist Eldorado für Gleitschirmflieger, Trotti-Biker, Wildbeobachter, Wanderer im Sommer und im Winter sowie Skifahrer oder Langläufer.

Niesen, Stockhorn und Niederhorn: das Ausflugstrio am Thunersee schlechthin. Erholen Sie sich in der wunderschönen Natur beim Wandern vom Alltagsstress und lassen Sie sich in einem der Berghäuser oder unterwegs in einer Alphütte kulinarisch verwöhnen.

SIGRISWIL-TOURISMUS /// FELDENSTRASSE 1 /// 3655 SIGRISWIL ///
(00 41) / 0 33 / 251 12 35 /// WWW.SIGRISWIL.CH ///
INFO-CENTER GUNTEN /// SEESTRASSE 81 /// 3654 GUNTEN ///
(00 41) / 0 33 / 251 04 00 /// HTTP://BAUERNFILME.CH/TAG/JUSTISTAL ///

ALP-TRÄUME ZWISCHEN FELSFLANKEN

Justistal

59

Das gesamte Justistal, gemessen von der Sichle, dem Pass ins Eriz hinunter im Norden, bis nach Merligen am Thunersee im Süden misst ungefähr 7,5 Kilometer. Tektonische Bewegungen ließen dort einen Sattel aufsteigen, den ein Fluss zerschnitt. Die geologischen Schichten des Sigriswilgrates im Norden setzen sich so im Niederhorn fort. Die Talsohle ist auf etwa 1.300 Metern Höhe 300–500 Meter breit, zwischen den Gipfeln beträgt die Distanz fast zwei Kilometer. Das Justistal gehört zur Gemeinde Sigriswil. Es ist benannt nach Justus, dem Weggefährten des heiligen Beatus (siehe Beatushöhlen).

Wenn der Wanderer von Süden kommt, also von Sigriswil oder Beatenberg her, steigt er an der Grönhütte vorbei zwischen hohen Felsgraten langsam in die Höhe, vorerst durch schattigen Wald, dann passiert er die Speicher, aus denen im Herbst der Käse an die Alpgenossenschafter verteilt wird. Schließlich erreicht er das eigentliche Hochtal.

Links sehen wir den Sigriswilgrat mit dem Sigriswiler Rothorn auf 2.051 Metern Höhe und dem Mittaghorn. Rechts erkennt man den Güggisgrat mit dem Niederhorn, dem Burgfeldstand mit 2.063 Metern Höhe und dem Gemmenalphorn. Abgeschlossen wird das Tal von der Sichle und von der Bergkette der Sieben Hengste.

Auf beiden Seiten zieht sich hoch über dem Justistal ein Bergweg, geeignet nur für ausdauernde und geübte Wanderer. Wir nehmen das Sträßchen durchs Tal, vorbei an sieben der neun Bergli – wie die Alpen hier genannt werden –, bis wir am achten Halt machen und uns in die hölzerne Laube setzen, den Blick in die Ferne gerichtet.

»Weshalb ist der Mensch sesshaft geworden?«, fragt der Senn, um gleich selbst Antwort zu geben: »Zum Brennen und zum Brauen.« Das ist die verkürzte Geschichte der Zivilisation, und als sich auch noch Daniel aus Sigriswil an den Tisch setzt und mit seinen Erzählungen beginnt, kann man Dichtung und Wahrheit nur mehr schwer auseinanderhalten. Aber sei's drum.

Nach Mitte September, am Freitag vor dem Eidgenössischen Bettag, findet der Chästeilet statt, ein Volksfest, das sich zum Touristenmagneten entwickelt hat. Früh anreisen! Buchtipp: Paul Lascaux, ›Feuerwasser‹. Der Kriminalroman spielt größtenteils im Justistal.

BEATUSHÖHLEN-GENOSSENSCHAFT /// 3800 SUNDLAUENEN ///
(00 41) / 0 33 / 841 16 43 /// WWW.BEATUSHOEHLEN.CH ///
WWW.NATURPARK-THUNERSEE-HOHGANT.CH ///
GEÖFFNET VIERTER SONNTAG IM MÄRZ – VIERTER SONNTAG
IM OKTOBER /// FÜHRUNGEN ALLE 30 MINUTEN –
DAUER CIRCA EINE STUNDE ///

FABELHAFTE HÖHLENWELT

Beatushöhlen

60

An den östlichen Gestaden des Thunersees, in unmittelbarer Nähe des weltbekannten Ferienortes Interlaken, erstrecken sich auf einer Distanz von rund einem Kilometer die St.-Beatus-Höhlen ins Innere des Berges. Nach einer Legende lebte hier im 6. Jahrhundert der heilige Beatus, der vermutlich zu irischen Glaubensboten gehörte. Nach seiner Ankunft soll Beatus den in der Höhle hausenden Drachen vertrieben und sich dann dort niedergelassen haben, um die Lehre vom Christentum zu verkünden.

Johann Wolfgang von Goethe, Richard Wagner oder Lord Byron haben es schon im 18. Jahrhundert vorgelebt. Der Besuch der St.-Beatus-Höhlen gehörte vor über 200 Jahren zum Schweizer Reiseprogramm prominenter Persönlichkeiten. Das Höhlensystem wurde um 1950 nach wissenschaftlichen Aspekten erforscht. Vor allem die Wachstumsgeschwindigkeit von Tropfsteinen, aber auch die Abfolge von Abtragung und Ablagerung wurden untersucht. Dabei stellte man Spuren von sechs Eiszeiten fest. Das Alter der Höhlen liegt je nach Gang zwischen 400.000 und 100.000 Jahren, sie wachsen auch heute noch weiter. Die St.-Beatus-Höhlen sind ein wichtiger Zeuge für Eiszeiten in der Region Thunersee und Hohgant, die zu den weltweit besterforschten Karstgebieten zählen. Treten Sie an den Tatort, schauen Sie, wie die Urbevölkerung und der heilige Beatus gelebt haben, Naturgetreue Nachbildungen ihrer Behausungen am Höhleneingang vermitteln Ihnen ein Bild davon. Das Grab des heiligen Beatus ist zu einem beliebten Ort des Gebets geworden. Auf einem abwechslungsreichen Rundgang, der etwa eine Stunde dauert und nur in Begleitung eines Führers möglich ist, erfahren Sie Wissenswertes über die stets neuesten Forschungsergebnisse der Höhlenvermessung.

Die St.-Beatus-Höhlen erreichen Sie auf verschiedenen Spazierwegen. Von der Landstraße (Parkplatz für PKW) in rund zehn Minuten. Von der Schiffstation Beatushöhlen über den Pilgerweg in etwa 25 Minuten. Etwas länger dauert die Wanderung über den idyllischen Pilgerweg von Merligen her: rund 90 Minuten.

Nehmen Sie im Restaurant beim Höhleneingang eine Auszeit. Genießen Sie Ihren Aufenthalt in der gemütlichen Gaststube oder auf der romantischen Höhlenterrasse im Freien mit wunderschönem Blick auf den tiefblauen Thunersee.

EINE TAUSENDJÄHRIGE STADT

Neuchâtel

61

Wie es der Name schon sagt, wurde in Neuchâtel ein neues Schloss gebaut, und zwar um das Jahr 1000 herum von den burgundischen Herzögen (1011 zum ersten Mal schriftlich erwähnt). Viel früher bestanden bereits Seeufersiedlungen, aus der La-Tène-Zeit, die von einem Fundort am östlichen Ende des Neuenburgersees ihren Namen trägt. Neuchâtel weist eine spannende Geschichte auf und wechselte mehrmals den Besitzer, bis es sich 1848 als Republik konstituierte und Teil der modernen Schweiz wurde.

Neuchâtel liegt am Ufer des Sees zu Füßen des Chaumont. Wir steigen vom Bahnhof aus in diese Richtung hügelan, bis wir nach etwa 20 Minuten am traumhaft gelegenen Botanischen Garten vorbei am Centre Dürrenmatt angelangen. Wir beginnen also unseren Rundgang mit einem Schriftsteller aus dem Emmental, der sich hier ein Haus gekauft hat mit einem wundervollen Blick über den Neuenburgersee Richtung Alpen. Wobei gleich gesagt sein soll, dass man diesen Blick von jeder erhöhten Lage aus genießen kann. Der ehemalige Wohnsitz von Dürrenmatt wurde durch einen umfangreichen Anbau von Mario Botta erweitert und beherbergt nun neben seinem bildnerischen und schriftstellerischen Werk auch Sonderausstellungen (www.bundesmuseen.ch/cdn).

Jetzt müsste man einen Sprung machen können hinüber zum Musée d'Ethnographie mit seinem modernen Ausstellungskonzept (www.men.ch), um von dort durch den Park, vorbei an der Collégiale (Stiftskirche) und am Schloss, durch die engen und steilen Gassen der Altstadt hinunterzuschlendern zur Place Pury und hinüber zum See. Aber man befindet sich sozusagen auf der falschen Hügelkuppe. Am besten also, man flaniert durch die Gassen, schaut ins Delikatessengeschäft hinein, genießt einen Ballon Weißen oder einen Kaffee an der milden Luft und beschließt den Rundgang mit dem Aufstieg zum Felssporn, auf dem das Schloss steht. Für alles hat Neuchâtel Zeit, nur nicht für die Eile.

Das Laténium zwischen Neuchâtel und Saint-Blaise (Bus No. 1, Richtung Marin) ist das größte archäologische Museum der Schweiz mit einer innovativen Ausstellungsgestaltung und hat 2003 den Preis für das Museum des Europarats erhalten (www.latenium.ch).

TOURISME VAL-DE-TRAVERS /// CENTRE SPORTIF RÉGIONAL ///
CLOS-PURY 15 /// 2108 COUVET /// (00 41) / 0 32 / 889 68 96 ///
WWW.VDT.CH ///

ZWISCHEN ABSINTHE UND ASPHALT

Val-de-Travers

62

Absinthe, der Wermut-Kräuterschnaps, um den sich viele mystische Geschichten ranken, ist im Val-de-Travers erfunden worden. Das Jurahochtal auf gut 700 Metern wirkt an schönen Tagen romantisch, in kalten Winternächten düster und bedrohlich, und man glaubt gern, dass die Fée verte, die Grüne Fee, dazu diente, böse Geister zu vertreiben.

Das Val-de-Travers, mit der S-Bahn von Bern aus in einer guten Stunde zu erreichen, bietet für jeden Geschmack etwas. Wer in La Presta aussteigt, wandert sozusagen in den Bauch der Erde, wenn er sich auf einen geführten Rundgang durch die Asphaltminen begibt, die von 1712 bis 1986 industriell genutzt worden sind. Mit der Taschenlampe in der Hand und einem Bauarbeiterhelm auf dem Kopf erkundigt man von Holzbalken abgestützte Gänge, die kilometerweit in den Berg hineinführen und deren Kühle bei acht Grad Celsius vor allem an einem heißen Sommertag erfrischend wirkt (www.gout-region.ch).

Eine Familie fährt vielleicht nach Buttes und lässt sich mit der Seilbahn auf die Jurahöhen transportieren, von wo man mit Trottinetts die Rückfahrt bergab antritt.

Mit Freunden erkundet man eher Môtiers (www.motiers.ch) und die Firma Mauler (www.mauler.ch), die seit 1829 in einem ehemaligen Kloster aus dem 12. Jahrhundert als einzige größere Schweizer Firma Sekt produziert. Ein kleines Museum zeigt in Môtiers überdies Erinnerungsstücke an den Aufenthalt von Jean-Jacques Rousseau (1762–1765). Alle paar Jahre findet in der wunderschönen Juralandschaft eine begehbare Kunstausstellung statt (www.artmotiers.ch).

Mit etwas Glück kann man einem Absinthe-Brenner bei der Arbeit zusehen, allerdings empfiehlt sich eine frühzeitige Kontaktaufnahme, und Französischkenntnisse sind bestimmt hilfreich (www.absinthe-suisse.com). Ganz ohne Sprachkenntnisse genießt man die großartige Natur, die Jurahöhen, den Felszirkus des Creux-du-Van oder die Schluchten, die besonders bei hohem Wasserstand im Frühjahr beeindrucken, allen voran die Poëta Raisse.

In Boveresse findet jeweils Mitte Juni das Fête de l'Absinthe statt. Bei dieser Gelegenheit kann man die Scheune besichtigen, die früher zum Trocknen der Kräuter benutzt worden ist und heute ein Museum beherbergt.

RESTAURANT DE LA TRUITE /// JOCELYNE BONFIGLIO-BAUMANN ///
2149 CHAMP-DU-MOULIN /// (00 41) / 0 32 / 855 11 34 ///

DIE LIEBE ZU DEN FORELLEN

Restaurant de la Truite

11/11

Auf dem einzigen Flachstück unterwegs von der unteren zur oberen Schlucht der Areuse, zwischen dem Neuenburgersee und dem Val-de-Travers, steht das Restaurant de la Truite auf einer grünen Matte. Natürlich kann man mit dem Zug oder Auto über Neuchâtel bis Champ-du-Moulin fahren, wenn man es eilig hat. Aber die Forelle und der Weißwein schmecken doppelt so gut, wenn man den ersten Teil der Schlucht bereits in den Beinen hat.

Von Bôle oder Boudry aus folgt man den gelben Wanderwegweisern in die Gorges de l'Areuse und steigt durch die wild zerklüftete Schlucht vorbei an tiefen Wasserstrudeln, unter umgestürzten Bäumen hindurch, an Wasserkraftwerken vorbei und gar über eine elegant geschwungene Holzbrücke, die sich wunderbarerweise von der Expo.02 – der schweizerischen Landesausstellung – hierher in diese Schlucht gerettet hat.

Nach zwei Stunden etwa erreicht man eine flache Wiese, von der man einen wunderbaren Blick hinauf zum Creux-du-Van – einem steilen Felsenzirkus – hat. Hier steht das Restaurant de la Truite, an schönen Sommertagen gut besucht, sodass man einen Tisch reserviert sollte, vor allem wenn man nach 12 Uhr ankommt.

Das Restaurant de la Truite ist ein Familienbetrieb, es kocht Jocelyne Bonfiglio, ihre beiden Söhne servieren die einfachen, aber schmackhaften Speisen. Einfach bedeutet hier auch köstlich. Die Forellen entstammen einer in der Nähe gelegenen Fischzucht. Neben den ganzen Fischen gibt es zudem Forellen-Filets oder Steaks. Eine kleine, aber feine Auswahl, abgerundet von köstlichen Desserts – in unserem Fall ein Parfait du Vallon –, und man darf sich nicht wundern, wenn in einem davon Absinthe enthalten ist, eine Spezialität der Region.

Die drei Gebäude des Restaurants de la Truite stammen aus dem 19. Jahrhundert, ursprünglich ein Bauernhof, umgebaut zu einem Hotel mit Festsaal für die Sommerfrische. Heute ist es eher ein Ort der Stille, und im Winter wird man die Wärme der gemütlichen Stube schätzen.

Am unteren Ende der Schlucht findet sich das kompakte Winzerdorf Boudry mit seinem Schloss, das ein Reb- und Weinmuseum beherbergt (www.chateaudeboudry.ch).

OFFICE DU TOURISME ET DU THERMALISME /// AV. DE LA GARE 2 ///
1401 YVERDON-LES-BAINS /// (00 41) / 0 24 / 423 61 01 ///
WWW.YVERDON-LES-BAINS.CH ///

MEGALITHEN UND HEISSE BÄDER

Yverdon-les-Bains

Yverdon liegt am westlichen Ende des Neuenburgersees und gehört bereits zum Kanton Waadt, ist von Bern jedoch über die Autobahn in 45 und mit dem Zug in 60 Minuten zu erreichen. Die Stadt, 2009 mit dem Wakker-Preis für beispielhaften Ortsbildschutz ausgezeichnet, verfügt über ein reiches historisches Erbe. Es beginnt in der Vorgeschichte, geht über den römischen Hafen sowie die barock-klassizistische Altstadt und verweist auf Außerirdisches.

Auch in Yverdon ist sichtbar, was die Juragewässerkorrektion bewirkt hat: Das eigentliche Städtchen, in früheren Zeiten ein Hafen, liegt nun mehrere hundert Meter vom Wasser entfernt. Dennoch beginnt man einen Rundgang am besten am See, spaziert über den Campingplatz zum Badestrand und folgt der dem Wald entlangführenden Allee Grèves de Clendy. Kurz bevor sie in die Hauptstraße nach Yvonand mündet, nimmt man die Abzweigung links in den Wald hinein und steht nach hundert Metern auf einer Lichtung, wo man die größte Megalithanlage der Schweiz bewundern kann: 45 Steine bilden ein Alignement (www.steinkreis.ch).

Wenden wir uns zurück zur Stadt. Dort empfängt uns ein monumentales savoyisches Viereckschloss aus dem Mittelalter, das heute mehrere Museen beherbergt. Unter anderem kann man besichtigen: eine ägyptische Kammer mit einer gut erhaltenen Mumie, keltische Funde, Lastkähne aus römischer Zeit (als hier das Kastell Eburodunum stand), das Schweizerische Modemuseum sowie das Pestalozzi-Zentrum, denn der Pionier der Pädagogik führte in diesem Schloss – als man die Gemeinde auch Ifferten nannte – von 1805 bis 1825 eine Erziehungsanstalt. Deshalb steht sein Denkmal vor der klassizistischen Stadtkirche auf dem Schlossplatz.

Direkt dem Eingang des Schlosses gegenüber findet sich das Maison d'Ailleurs, das weltweit einzige Museum für Science Fiction, Utopie und außergewöhnliche Reisen, gegründet 1976 vom Schriftsteller Pierre Versins.

Dem südlichen Ufer des Neuenburgersees entlang zieht sich die Grande Cariçaie, das umfangreichste Seeuferfeuchtgebiet der Schweiz. Am Rand dieses Naturschutzgebiets finden wir ausgangs Yverdon in Richtung Estavayer-le-Lac das Naturschutzzentrum Champ-Pittet mit sehenswerten Ausstellungen.

FREIBURG TOURISMUS /// AV. DE LA GARE 1 ///
1700 FRIBOURG /// (00 41) / 0 26 / 350 11 11 ///
WWW.FRIBOURGTOURISME.CH ///

ZWISCHEN DEUTSCH UND WELSCH

Fribourg – Freiburg

64

Wie bereits der Landschaftsmaler Johann Ludwig Aberli (1723–1786) bemerkte: »Und doch ist es wahr, dass Freiburg eigens für Maler angelegt und gebaut worden zu sein scheint; es gibt Viertel, wo sozusagen jedes Haus einem alten Felsenschlosse gleicht.« Unser Rundgang beginnt beim Bahnhof der zweisprachigen Stadt durch die belebten Geschäftsstraßen hinunter zur Rue de Lausanne, bis man rechter Hand drei Säulen in der Straße bemerkt. Sie markieren den Ort, wo die Murtenlinde gestanden hat: Ein Baum aus einem Zweig, den ein Freiburger Bote mit der Siegesnachricht nach der Schlacht von Murten 1476 mitgebracht hat.

Ein Zweig der alten Murtenlinde wurde zu einem neuen Baum gezogen, der nun auf dem Platz vor dem imposanten spätgotischen Rathaus von 1521 steht. Wir steigen rechts vom Rathaus hinunter in die Neustadt (die auch schon ziemlich alt ist) und überqueren die Saane. Hier öffnet sich der Blick auf die Sandsteinfluh und die gewagte Konstruktion der Altstadt auf dem gegenüberliegenden Felssporn.

Weiter geht's ins Gottéronquartier, früher Standort des gleichnamigen Eishockeyvereins, dem Stolz der Stadt. An zahlreichen Bildstöcken, Statuen, aber auch Kirchen und Kapellen wird der katholische Charakter der 1157 gegründeten Zähringerstadt sichtbar. Er gipfelt im Blick auf den Turm der Kathedrale von St. Niklaus, von wo man an schönen Tagen einen prachtvollen Blick über die Stadt und ihre Umgebung genießt.

Zuerst steht jedoch der schweißtreibende Aufstieg durch verschlafene Altstadtgässchen an, und manch Café und Restaurant lädt zum Verweilen ein.

Nach einem Abstecher zum Musée d'art et d'histoire und zur Espace Jean Tinguély-Niki de Saint Phalle (für beide: www.mahf.ch) führt der Weg zurück Richtung Bahnhof. Man nehme zur Abwechslung eine Nebengasse und begegne dort im Rücken der Herrschaftshäuser kleinen Läden und Buchantiquariaten in verwinkelten Kellerräumen.

Nicht weit von Fribourg entfernt befindet sich – erreichbar mit dem Auto über Düdingen und nur im Sommerhalbjahr geöffnet – die Magdalena-Einsiedelei, ein in schwindelerregender Höhe in den Sandstein gehauener Kultraum von 120 Meter Länge (www.fribourgregion.ch).

SCHWARZSEE TOURISMUS /// HAUPTSTRASSE 522 ///
1716 SCHWARZSEE /// (00 41) / 0 26 / 412 13 13 ///
WWW.SCHWARZSEE.CH ///

EIN BERGJUWEL IN DEN FREIBURGER VORALPEN

Schwarzsee

Die Gegend um den Schwarzsee hat allen etwas zu bieten: In der Sommersaison ein Urlaubstag mit der Familie am Wasser, ein kühles Bad im Bergsee, ein Spaziergang rund um das Gewässer oder eine mehrstündige Gebirgswanderung, ein gemütlicher Imbiss in einer Alphütte. Im Winter das Skigebiet unterhalb der Kaiseregg, ein Spaziergang auf dem zugefrorenen See oder eine Besichtigung der Eispaläste des Eisgärtners Karl Neuhaus (www.eispalaeste.ch) zwischen Plaffeien und Schwarzsee.

Wir sind früh unterwegs, erst wenige Parkplätze sind belegt, und kein Wanderer begegnet uns entlang des Wassers, bis wir in den Wald abtauchen auf einem Weg, der uns zur Alphütte Hubel Rippa führt, berühmt für ihre Meringue mit Nidle und für den grandiosen Blick über den Schwarzsee Richtung Mittelland, das im Hitzedunst vor sich hindämmert.

Dann schluckt uns auf steilen, schweißtreibenden Treppen die Urlandschaft Brecca, ein Waldgebiet, das seit etlichen Jahren sich selbst überlassen bleibt. Dort haben sich Farne und Moose ihren Lebensraum zurückerobert, geschützt von einem dichten Blätterdach, das die Feuchtigkeit beisammenhält.

400 Höhenmeter weiter oben empfängt uns bei Unteri Rippa die Sonne und mit ihr der Breccaschlund, ein Karstgebiet, indem alles Wasser versickert und das ein sattes Grün für die Kühe und Ziegen auf den Alpweiden zurücklässt. Das Hochtal ist vollständig abgeschlossen von einem hufeisenförmigen Bergkamm, dessen höchster Gipfel, der Schopfenspitz, 2.104 Meter erreicht. Ein dichtes Wegnetz erlaubt Familienspaziergänge, aber auch alpine Touren über schmale Felsgrate. Im Sommer eine gemütliche Angelegenheit, alle 20–30 Wanderminuten erwartet uns eine Alphütte, in der man Getränke oder einen Imbiss bekommt. Im Herbst allerdings, wenn die Tiere und Menschen wieder ins Tal gezogen sind, ist man auf sich allein gestellt!

Wir folgen dem Weg, der uns um die Flanke der Spitzeflue herum über Untere Euschels in knapp vier Stunden zur Riggisalp bringt. Von dort trägt uns der Sessellift steil und knieschonend hinunter nach Gypsera.

Unterwegs von Bern zum Schwarzsee lohnt ein Besuch im Sensler Museum in Tafers. Im Gebäude aus dem Jahr 1780 wird man neben der regionalen Wohnkultur über die Flachs- und Strohverarbeitung unterrichtet.

LA GRUYÈRE TOURISME /// PLACE DES ALPES 26 ///
1630 BULLE /// (00 41) / 08 48 / 42 44 24 /// WWW.LA-GRUYERE.CH ///

Das Greyerzerland

66

Das Schloss Greyerz wurde um 1270 errichtet und später zu einer herrschaftlichen Residenz umgebaut. Es ermöglicht seinen Besuchern eine Zeitreise durch verschiedene Stilepochen, denn die Räume sind reich ausgestattet. An der Gasse zum Schloss befindet sich das Tibet Museum – Fondation Alain Bordier. In der ehemaligen St.-Josefs-Kapelle kann man buddhistische Kultur- und Ritualgegenstände entdecken. In krassem Gegensatz dazu – aber nicht minder spannend – das Museum H. R. Giger. Schon die Homepage des Künstlers ist einen Besuch wert (www.hrgigermuseum.com), und die verwinkelten Räumlichkeiten geleiten in eine surreale Welt.

»Greyerz!«, wird der Berner schnöden, »Touristenfalle und Käseland.« Aber lassen Sie es sich gesagt sein: Es ist nur der Neid. Natürlich wird Gruyères, wie das Städtchen (und der Käse) auf Französisch heißt, von Touristen überschwemmt. Es ist halt ein wunderschöner Ort, eine imposante Burg, die wie ein Adlerhorst auf einem Felssporn klebt. Zu ihr bergauf führt ein Straßendorf mit einem überbordenden gastronomischen Angebot. In der Museum-Bar von H. R. Giger lässt sich in gruseligem Ambiente wohlig entspannen.

Um Greyerz herum erschließen sich dem Neugierigen die Schönheiten der Natur und des Genusses. Wer mag, besteige den nahe gelegenen Moléson, mit Bergschuh oder Bergbahn. Oder er wandere von Broc durch die Jaunschlucht nach Charmey. Auf jeden Fall schließt man den Ausflug mit einer Besichtigung der Greyerzer Schaukäserei in Pringy unterhalb des Burghügels (beim Bahnhof) ab – im Sommer wahlweise mit der Alpschaukäserei in Moléson Village. Auch ein Abstecher nach Broc in die Schokoladenfabrik Cailler (www.cailler.ch) lohnt sich. Zum Dessert gibt's dann Méringue mit Doppelnidle. Sollte Ihnen ob all dieser Köstlichkeiten im Magen etwas flau geworden sein, dann nehmen Sie einen Schluck vom Grande Gruyère, einem Kräuterlikör aus den Bergen. In Bulle, dem Hauptort der Region, erwartet den Unverwüstlichen noch das sehenswerte Musée Gruérien (www.musee-gruerien.ch) mit seiner Volkskultursammlung.

☞ Der Gruyère oder Greyerzer ist der zweitwichtigste Exportkäse der Schweiz. Die beste Variante erhält man in ausgesuchten Käsereien als Alp-Etivaz.

Register

Aare 61, 75, 115
Abegg, Stiftung 111
Absinthe 123, 175, 177
Affoltern 141
Alpines Museum 83
Altstadt 25, 65, 91
Amsoldingen 113
Anker, Albert 55
Arkaden s. Lauben
Avenches 119
Axalp 157
Bahnhofplatz 29, 51
Bärengraben 53
Bärenpark 17
Bärenplatz 47, 53
Barock 115
Baseltor (Solothurn) 115
BEA bern expo 69
Beatenberg 163, 169
Beatenbucht 167
Beatushöhlen 169
Belp 113, 132
Berner Oberland 103
Berner Platte 39, 45, 107
Berner-Schmaus 107
Bernische Kraftwerke BKW 71
Bernisches Historisches Museum (Murten) 31, 81
Berntor 119
Bern Tourismus 37
Biel-Bienne 89, 109, 125, 127, 129
Bielersee 119, 121, 125, 127, 129
Bitzius, Albert s. Gotthelf, Jeremias
Blüemlisalp 161
Blumenstein 113
Blutturm 53
Bohnenblust, Bäckerei 67, 77
Bollwerk 51
Botanischer Garten 61
Botta, Mario 88, 173
Boudry 177
Boveresse 175
Brahms, Johannes 132
Brecca 183
Breitenrain 65, 67
Breitenrainplatz 77
Brienz 142, 163
Brienzersee 155, 159, 163
Broc 185
Brünnen 93
Brunnenfigur 33
Brunner, Kaspar 37
Bubenberg, Adrian von 133
Bulle 185
Bundesarchiv 83
Bundeshaus 8, 39, 43, 45, 51
Bundesplatz 33
Büren 131
Burgdorf 135
Burgerbibliothek 86
Burgunderkriege 81, 87
Buttes 175
Cabane du Pêcheur 125
Camerata Bern 99
Canyoning 151
Capitani, François de 98
Cartoon Festival 145
Casino 21, 98
Centre Dürrenmatt 88, 173
Centre Pasquart 129
Chäller-Kumedi 57
Champ-du-Moulin 177
Champ-Pittet 179
Charmey 185
Chäsbueb 143
Chästeilet 169
Christoffel 51, 133
Chüechlihus 145
Churchill, Winston 132
Cluniazenser 111, 125
Creaviva, Kindermuseum 73
Creux-du-Van 175, 177
Dählhölzliwald 79
De la Truite, Restaurant 177
Della Casa 45
Denkmal 132
Deutsch, Niklaus Manuel 55, 86
Diorama 85
Drahtseilbahn 21
Düdingen 181
Dürrenmatt, Friedrich 86, 127
E-Bike 103
Eiger 85
Einigen 113
Einstein, Albert 37
Einstein-Museum 37, 81
Eispalast 183
Elfenau 53
Emmental 87, 103, 173
Emmentaler Käse 141, 142, 185
Emmentaler Schautöpferei 147
Emmental Tours 74
Engehalbinsel 91
ensuite 100
Erlach 125
Erlach, Friedrich von 117
Erlebnisbrennerei 123
Erlenbach 113
Espace Jean Tinguély-Niki de Saint Phalle 181
Estavayer-le-Lac 179
Etivaz 185
Fasnachtsspiele 98
Fellenberg, Philipp Emanuel von 117

Ferienmesse 69
Fischermätteli 53
Flohmarkt 41
Flussfahrt 131
Freiburg – Fribourg 142, 181
Freilichtmuseum (Ballenberg) 155
Gäbelbach 93
Galerien 65
Galgenfeld 53
Gantrischkette 111
Gemüsepfad 123
Gerberngasse 53
Gerechtigkeitsgasse 53
Giessbachfall 159
Glauser, Friedrich 86, 88
Gleitschirmflieger 167
Gletscher 157
Goethe, Johann Wolfgang von 29, 171
Goldener Schlüssel 19
Goldfass 21
Gold-Museum 135
Goldwaschen 74, 149
Gorges de l'Areuse 177
Gotthelf, Jeremias 87, 119, 139, 142
Grande Cariçaie 179
Grandhotel Giessbach 159
Grèves de Clendy 179
Greyerz 143, 185
Greyerzer Käse 142
Grimselwelt 157
Grock 27
Grosse Moos, das 121
Gruyères s. Greyerz
Gürbetal 111, 113
Gürbetaler Höhenweg 111
Gurten 73, 97
Habkern 163
Haller, Albrecht von 25, 87, 98
Handwerkermarkt 41
Hängebrücken 79
Harder 163
Haus des Bielerseeweins 127
Heidenweg 125
Heiliggeistkirche 51
Heimwehfluh 163
Helvetiaplatz 83
Helvetier 91
Helvetische Republik 53
Henkerbrünnli 53
Herzroute 103
Hesse, Hermann 88
Hirschengraben 35, 53
Historisches Museum 83
Hochschule für Musik und Theater 100
Hodler, Ferdinand 85
Hofer, Polo 99
Hohgant 151
Holmes, Sherlock 132, 157
Holzbogenspann-Brücke 145
Hornussen 74
Hotel Bellevue 39, 45
Hôtel de Musique 98
Inlineskates 121
Ins 121, 125
Interlaken 75, 163, 171
Iseltwald 159
Jahrmärkte 145
Jassen 74
Jaunschlucht 185
Jazz 100, 145
Jungfraujoch 163
Jura 131, 173
Juragewässerkorrektionen 125, 129, 179
Justistal 169
Käfigturm 51
Kaiseregg 183
Kallnach 123
Kambly 145, 147
Kandersteg 161
Käse 141, 142
Kathedrale Fribourg 181
Kathedrale Solothurn 115
Kaufdorf 113
Kehrsatz 97
Kelten 91, 115
Kemmeriboden 151
Kennedy, John F. 132
Kerzers 121
Kiesen 142
Kindlifresser-Brunnen 33
Kirchenfeld 83
Kirchenthurnen 113
Klee, Paul 55, 73
Kleist, Heinrich von 132
Köniz 57
Kornhaus 59
Kornhausbibliotheken 57, 59, 86
Kramgasse 53
Kreuz Wohlen 107
Krimitage (Burgdorf) 135
Kükelhaus, Hugo 137
Kulturagenda 100
Kulturmühle Lützelflüh 139
Kulturwege Schweiz 109
Kunsthalle 83
Kunstmuseum Bern 55
La Neuveville 127
Längenberg 113
Langnau 145
La-Tène-Zeit 173
Laténium 173
Lauben 29
Laupen 103
Lauterbrunnental 163
Libeskind, Daniel 93

Ligerz 127
Literatur 86
Loeb-Egge 51
Lokal 67
Loosli, Carl Albert 87
Lorrainebad 61, 63
Lorrainebrücke 61
Lötschberg 153
Lüderen-Chilbi 145
Luftseilbahn 151
Lützelflüh 139
Luzern 163
Magdalena-Einsiedelei 181
Magglingen 127, 129
Mägisalp 157
Maison d'Ailleurs 179
Marktgasse 53
Markthalle 35
Marroni 47
Marzili-Bad 63
Marzilibahn 21
Maschinenmuseum Müller (Biel) 129
Mattequartier 21
Matterhorn 85
Matter, Mani 87, 99
Megalithanlage 179
Meiringen 157
Merligen 169
Messerli, Urs 35
Messestadt 69
Michel, Chantal 55
Milchwirtschaftliches Museum 142
Moléson 185
Mont Crosin 71
Mont Soleil 71
Mont Vully 119
Môtiers 175
Moulin Culture 123
Mühleplatz 53
Mühlethurnen 113
Mumenthaler, Sam 98
Münster 31
Münzrain 21
Murten 119, 121
Musée d'art et d'histoire (Fribourg) 181
Musée d'Ethnographie (Neuchâtel) 173
Musée Gruérien (Bulle) 185
Museen im Bernerland 133
Museum Franz Gertsch (Burgdorf) 135
Museum für Kommunikation (im Kirchenfeld) 83
Museum Hasenlehn (Trubschachen) 147
Museum H. R. Giger (Greyerz) 185
Museum Neuhaus (Biel) 129
Museum Schwab (Biel) 129
Museumsschloss 81
Museumsviertel im Kirchenfeld 83
Napf 75
Napfbergland 149
Napoleon Bonaparte 107
Narrenpack-Theater 57
Nationalrat 43
Naturhistorisches Museum (im Kirchenfeld) 83
Neuchâtel 88, 125, 173, 177
Neuenburgersee – Lac de Neuchâtel 119, 121, 173, 177, 179
Neuengasspassage 27
Niederhorn 165, 167, 169
Niesen 165, 167
Nydegg 53
Nydeggbrücke 29
Obstberg 53
Oeschinensee 161
Oppenheim-Brunnen 47
Ostermundigen 53
Osterwald, Hazy 99
Papiliorama (Kerzers) 121
Payerne 119
Pestalozzi-Zentrum 179
Pfaffenloch-Höhle 111
Pfeiferbrunnen 98
Photoforum Pasquart (Biel) 129
Piano, Renzo 73
Plaffeien 183
Platzgen 74
Poëta Raisse 175
Progr 49
Raetz, Markus 55
Rathaus 8, 29
Rathausgasse 19
Rebbaumuseum Hof (Ligerz) 127
Reichenbach 91
Reutigen 113
Riggisalp 183
Riggisberg 111
Römer 81, 115
Romont 119
Rosengarten 23, 53
Rossfeld 91
Rousseau, Jean-Jacques 125, 175
Rüeggisberg 111, 113
Rüttihubelbad 137
Saane 181
Sagen 149
Salztränen 143
Sbrinz 142
Schangnau 143
Schanze, Große und Kleine 51
Schaukäserei 141, 143, 185
Scheidegg, Kleine 163

Schernelz 127
Scherzligen 113
Schilling, Diebold 87
Schlachthaus Theater Bern 57
Schlacht von Murten 119, 181
Schloss Jegenstorf 117
Schloss Landshut 105
Schloss Laupen 133
Schokoladenfabrik Cailler 185
Schönberg 53
Schöngrün-Quartier 73
Schönried 143
Schosshaldenfriedhof 53
Schüss 109, 129
Schützenmuseum 83
Schwarzsee 183
Schweitzer, Albert 133
Schweizerisches Alpines Museum 85
Schweizerisches Literaturarchiv 86
Schweizerische Museum für Wild und Jagd 105
Schweizerische Nationalbibliothek 83, 86
Schweizerisches Literaturinstitut 89
Schweizerisches Modemuseum (Yverdon-les-Bains) 179
Schwingen 74
Seeland 121, 123, 125
Seilerei-Museum 147
Seilpark Bern 79
Sensler Museum 183
Sensorium Rüttihubelbad 137
Sieben Hengste 169
Sigriswil 169
Solothurn 115
Solothurner Filmtage 115
Solothurner Literaturtage 115
Sonnenkraftwerk 71
Spiez 113
Spitalgasse 51, 53, 98
Stade de Suisse 71, 75
Stadttheater 57, 59, 98
Stadt- und Universitätsbibliothek 86
Ständerat 43
StattLand 25
St.-Beatus-Höhlen 171
Stockhorn 111, 165, 167
Storchensiedlung in Altreu 131
St. Petersinsel 125, 127
Suze 109
Tacheles 49
Tafers 183
Tapisserien 81
Taubenlochschlucht 109, 129, 131
Tausendblumenteppich 81
Tavel, Rudolf von 117
Teufelsstein 111
Thann, Hans von 37
Theater am Käfigturm 57
Theater an der Effingerstrasse 57
Theater Matte 57
Theater Remise 57
Thun 103, 165
Thunersee 163, 165, 169
Tibet Museum (Greyerz) 185
Tiefenau 91
Tierpark Dählhölzli 17
Toffen 113
Trubschachen 145, 147
Trümmelbachfälle 163
Twann 127
Universität 51, 61
Unspunnenfest 75
Unterseen 163
Utzenstorf 105
Val-de-Travers 175, 177
Verenaschlucht 115
Versins, Pierre 179
ViaStoria 142
Vidmarhallen 57
visarte.galerie 49
Volksmusik 99
Waadt 179
Wabern 97
Wagner, Richard 171
Waisenhausplatz 41, 47, 49, 53
Walser, Robert 129
Wankdorf 71
Wässermatten 149
Wattenwil 113
Weihnachtsmarkt 41
Weinmesse 69
Weißenstein 115
Westside 93
Weyermannshaus 63
Willisau 103
Winzerfeste 127
Wochenmarkt 41
Wohnmuseum Neuhaus (Biel) 129
Wölfli, Adolf 55
Wylerbad 63
Young Boys 71, 75
Yverdon-les-Bains 179
Zähringer 17, 115
Zehendermättcli 91
Zentrum Paul Klee 73
Zibelemärit 41
Zunfthäuser 29
Zytglogge 19, 25, 37, 57, 143

HOCHSPANNUNG AUS
DER SCHWEIZ
GMEINER

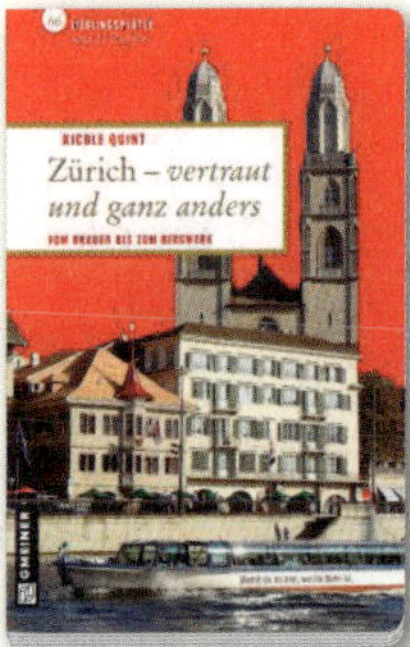

ISBN 978-3-8392-1359-9

ISBN 978-3-8392-1469-5

ISBN 978-3-8392-1166-3

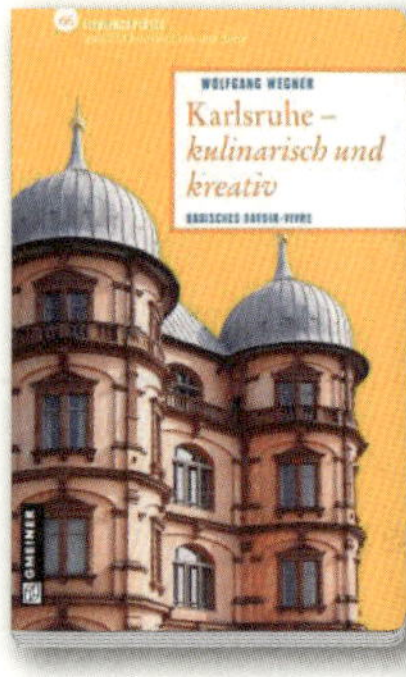

ISBN 978-3-8392-1363-6

ISBN 978-3-8392-1471-8

ISBN 978-3-8392-1474-9